JANE Birkin

Cet ouvrage a été réalisé
sous la direction de G. Beauvarlet et L. Rioux

Dans la même collection

BALAVOINE	GAINSBOURG
BASHUNG	HIGELIN
BIRKIN	KASSAV'
CABREL	PINK FLOYD
CHAMFORT	RENAUD
CLERC	SARDOU
COLUCHE	SOUCHON
COUTURE	TOURE KUNDA

ISBN 2-232-10111-8 - ISSN 0985-4940

LIVRE COMPACT

JANE Birkin

LUCIEN RIOUX

LE CLUB DES STARS
Seghers

Le souffle retenu devenue une

on attend Jane B. grande de la chanson »

A-t-elle peur ? On ne sait, on a peur pour elle. On l'imagine, on la sent tellement vulnérable, tellement fragile qu'on voudrait, avant que ne commence son épreuve, la rassurer, la réconforter, lui transmettre la confiance qu'on a mise en elle. Elle va venir s'offrir à nous, nous affronter — nous, le public — et, jusque-là, elle ne l'avait jamais fait. C'est pour elle un coup d'audace inouïe, une gageure, un saut dans l'inconnu... Elle a pris le risque, nous a prévenus par cette provocatrice campagne d'affiches qui couvrent les murs de la capitale : « Je vais y passer », et, la gorge serrée par une curieuse angoisse, nous l'attendons. Sans rien dire. Sans nous manifester autrement que par le silence.

Un silence d'une qualité rare. C'est en nous taisant que nous rendons hommage à notre championne. Elle se prépare, elle se concentre... Les cris, les bruits, les murmures mêmes, paraîtraient incongrus. Nous voulons qu'elle gagne et, pour que sa victoire soit possible, rien ne doit troubler les instants qui précèdent le combat. Elle va bientôt arriver, nous retenons notre souffle.

Nous nous sentons vis-à-vis d'elle dans une position bizarre. A la fois des juges, des adversaires, qu'elle doit faire ployer et desquels dépend son succès... Nous sommes des spectateurs et le spectacle est une bataille sans merci, une corrida avec mise à mort. En se présentant devant nous, l'artiste joue sa tête.

Mais, pour elle, nous sommes aussi des amis, des complices, des amants déjà conquis par son charme et prêts à s'incliner. Indulgents, disposés à lui pardonner de minimes erreurs... Sévères également. Si, par malheur, elle nous décevait ! Nous la connaissons, bien sûr, et nous l'aimons, nous la souhaitons parfaite, irrésistible, convaincante. Mais nous ne l'avons jamais vue sur une scène de music-hall. Tout est possible. Un échec nous ferait aussi mal qu'à elle.

La voilà enfin, blanche, sobre, discrète. Vêtue d'un *jean,* d'un *tee-shirt,* d'une chemise légère, son « Chanel à elle... » * . Sans look tapageur ni maquillage outrancier. Le visage nu, le cheveu court, le regard pur, presque innocent. Émouvante, attachante, volontairement désarmée, comme si se donner aux autres était son meilleur moyen de défense. Visiblement, elle n'a pas besoin des attributs des stars, ni pour se protéger, ni pour frapper, pour entraîner artificiellement le public dans une sarabande délirante mais artificielle. Il lui suffit de se présenter, telle quelle, et quelque chose d'indéfinissable se produit. Une manière de magie, de sortilège agit, abolit les distances, établit d'instinct le contact entre la scène et la salle. Peu d'interprètes possèdent ce pouvoir immédiat d'imprégner l'atmosphère ambiante de leur parfum.

---

* Comme dit Christine Deymard dans *Le Nouvel Observateur.*

Cette magie qu'on appelle la présence, l'aura, elle en joue sans le vouloir, naturellement. Doucement, elle se glisse et une sorte de communion instantanée s'installe, tant elle paraît sincère, tant elle ressemble à celle que l'on attendait, tant elle est proche de son image, de celle que chacun des spectateurs garde en lui. Sa silhouette fine trouble, sa fragilité bouleverse, sa gêne, parfois sa maladresse, la rendent plus proche, plus sympathique… Comme si ses faiblesses ajoutaient un plus à ses atouts.

La voilà donc. En une seconde, elle s'impose. A peine l'a-t-on aperçue qu'on la retrouve, qu'on la reconnaît, qu'on se rend compte qu'elle ne peut décevoir. Finie l'attente anxieuse. L'inquiétude s'est volatilisée, le souffle peut se relâcher, le bruit redevient possible, on a le droit de se laisser aller à l'enthousiasme. On avait peur et on avait tort. Elle est mieux que sur l'écran, mieux qu'à la télévision. Elle est vivante, elle est charnelle et chaleureuse, elle réagit, elle vibre. Et les ovations peuvent enfin éclater, marquant la joie et le soulagement quand, d'une voix ténue mais ferme, elle prononce les premiers mots de sa première chanson : « Signalement : yeux bleus, cheveux chatains, Jane B., Anglaise, de sexe féminin. »

Jane aussi sc scnt rassurée. Elle ne l'avouait pas facilement, mais elle n'était pas à l'aise. Ce récital au Bataclan, c'est son heure de vérité. Elle n'a encore chanté qu'une fois sur scène en 1984, au Zénith, à l'occasion d'un gala au profit d'Amnesty International. Elle n'était alors pas au point, mais quand on veut aider une œuvre humanitaire, on n'a pas le droit de se dérober. Là, pour le Bataclan, on lui a un peu forcé la main. C'est son agent artistique, Bertrand de Labbey, qui a eu l'idée et lui a proposé de se lancer.

« Cela ne me tentait pas du tout, constate-t-elle. Je n'osais pas affronter le public en direct. C'est tellement plus simple

Bataclan 1987. La communion s'installe entre le public et Jane.

d'enregistrer un disque. Les techniciens travaillent pour toi. Avec les studios ultraperfectionnés, les bandes multipistes, ils peuvent tout faire. Ils chopent un mot par-ci, un mot par-là, ils coupent, ils te font faire des raccords, ils font des montages. Et ainsi de suite, jusqu'à ce que l'enregistrement soit parfait. Toutes les fautes, on les corrige. »

C'est facile d'enregistrer, facile de faire de la télé en play-back. « Il suffit de mimer. On y parvient très vite... »

Elle décide pourtant de tenter sa chance. A cause de Chéreau. Patrice Chéreau montait *La fausse suivante* de Marivaux au Théâtre des Amandiers de Nanterre. Il lui a proposé un rôle. Ce qui l'a « complètement paniquée ». Son premier vrai retour sur une scène ! Elle craignait de ne pas y arriver, d'être insuffisante. « La langue surtout me gênait : ce français qu'il me fallait parler, je ne le connaissais pas. J'ai décidé de prendre des cours de prononciation pendant plusieurs semaines. J'ai appris à prononcer les r. Je savais que c'était bien quand, à la fin de la journée, j'avais mal à la gorge. Depuis Nanterre, je ne parle plus tout à fait comme avant. » La pièce a eu beaucoup de succès, d'abord à Nanterre puis dans les tournées à travers la France. « C'était formidable. Et ça m'a redonné le goût de la scène. »

Le Bataclan est donc pour elle la suite logique de *La fausse suivante*. A une différence près. Même si, petite Anglaise perdue dans une pièce typiquement française, elle avait dans *La fausse suivante* à surmonter un handicap, elle savait aussi qu'en travaillant avec une troupe de théâtre, elle ne serait jamais tout à fait seule, que, en cas de défaillance, les autres l'aideraient, qu'ils lui offriraient leur protection.

Tandis qu'au Bataclan, toute la responsabilité du show lui incombe. Les musiciens, les sonorisateurs, les éclairagistes sont là pour la servir, pour la porter. Pas pour rectifier ses erreurs. Elle doit tout assumer : « J'ai réalisé que, pour la première fois, je devais apprendre par cœur le texte de mes chansons. Impossible de tricher, de se cacher derrière des artifices… »

Elle a osé parce que, dit-elle, “je me trouve à un moment de ma vie où j'ai envie d'être vue et perçue telle que je suis vraiment. C'est un peu comme d'enlever le maquillage. Je veux avancer à visage découvert.” Soigneusement, méticuleusement, elle s'est préparée. En ne négligeant aucun détail : c'est une perfectionniste. Pour ne pas regretter plus tard un échec dû à la négligence ou au laisser-aller.

“Pour m'obliger à bosser, un amour de bâton

Comme elle aurait regretté, si elle n'avait pas sauté le pas, son manque d'audace. On ne peut rejeter une occasion aussi favorable, la salle lui plaisait, pas trop grande : cinq cents places environ. Agencée de manière à permettre l'intimité, le contact. Un peu comme le café-concert que le Bataclan fut autrefois : des guéridons, des chaises ordinaires et une piste de danse qu'il est possible de dégager en cas de besoin. Elle a aimé la salle, a cherché le moyen de l'habiter et, pour s'y adapter, elle a travaillé d'arrache-pied. « Pour m'obliger à bosser, dit-elle, j'ai pris quelqu'un avec un bâton. Un si tendre bâton : Jeff Cohen, un amour de garçon. J'avais besoin de ça, besoin qu'on me pousse. Tout comme j'ai besoin qu'on me bouscule pour faire de nouvelles choses. »

Serge et Jane :
le faux cynique
et l'innocence vraie.

Les gens du métier ne s'inquiétaient pas trop. Ils la connaissaient, savaient qu'une fois sa décision prise, elle irait jusqu'au bout, en mettant dans son jeu tous les atouts. Son directeur artistique, Philippe Lerichomme, a déterminé l'ordre des chansons et choisi les musiciens, des bons, rassemblés autour de Jean-Michel Kochmann, avec comme choriste Véronique Lortal. Jacques Rouveyrollis, le grand du métier, qui « fait » les plus importants shows de l'époque, de Bercy au Zénith, a conçu ses éclairages. En spectateur, Serge Gainsbourg : il ne peut laisser la meilleure de ses interprètes et la mère de Charlotte partir à l'aventure.

Mais l'aventure, c'est elle qui la mène. Une aventure dans laquelle l'instinct compte beaucoup. Elle a compris qu'avec son public, il lui fallait chanter comme elle parle. Créer une sorte de connivence. Il n'attend pas d'elle des prouesses techniques, ni un show à l'américaine. Il ne la veut pas bête de scène. Il la souhaite douce, charmante, mélancolique, spontanée. Ce qu'elle est dans la vie ! Pour plaire donc, il lui suffit d'être sincère, de ne pas se glisser dans un autre personnage que le sien. A Bataclan, sans se forcer, Jane joue le jeu de la vérité.

Tout contribue à en donner l'impression. La scène, sans décors, où elle glisse plutôt qu'elle ne marche, fantôme gracieux d'une adolescence éternelle. L'éclairage discret, qui nimbe de lumière ses lignes souples et minces ou qui souligne son visage douloureux et expressif. Sa nostalgie est vraie, sa fraîcheur évidente... Son sourire un peu triste, c'est celui qu'elle a dans la vie quotidienne. Aux spectateurs, elle se confie, chante, du Gainsbourg évidemment. Mais du Gainsbourg écrit pour elle, c'est à dire sans la provocation dont Gainsbarre veut s'entourer pour se protéger. « Il aurait pu, dit-elle, chanter toutes les chansons de mon dernier album. *Fuir le bonheur de peur qu'il ne se sauve*, c'est lui.

Les dessous chics, c'est encore lui. *La pudeur des sentiments maquillés outrageusement rouge sang*, c'est vraiment Serge… Et *Les talons aiguilles qui transpercent le cœur des filles*, Serge toujours. Un soir, j'ai demandé à Véronique Lortal : “Pourquoi il y a tant de filles qui s'enthousiasment pour ces chansons ?” Ça m'intrigait. Elle m'a répondu : “Tu ne te rends pas compte. Toutes ces chansons s'adressent aux filles.” Et c'est vrai. Serge a fait de moi son porte-parole. Mais comme je me sens bien dans ses chansons, qu'elles correspondent à mon caractère, à mon état d'âme, je les ai prises pour moi. Elles sont de Serge, elles disent ce que Serge veut dire, elles sont miennes. »

“Trop grande, pas douée, mais le désir, je l'avais

Chanson après chanson, Jane se livre au public du Bataclan. Elle a trouvé un des plus beaux textes de Léo Ferré *(Avec le temps)*, elle s'y retrouve, et elle en donne une version fantastique, où se mêlent l'émotion et la délicatesse. Difficile pourtant de chanter *Avec le temps* après les interprétations qu'en ont donné Ferré lui-même et Catherine Sauvage. Dalida s'y était engagée et avait échoué ; son accent trop ensoleillé ne convenait pas. L'accent de Jane ne gêne pas, lui ! A son amie Ava, disparue il y a quelques années, elle offre en hommage une vieille chanson française, *L'amour de moi*, qu'elle interprète à capella et une impression de douleur intense autant que pudique saisit la salle. On retient sa respiration pour ne pas gâcher la qualité de l'instant.

Les confidences de Jane, les spectateurs les reçoivent comme des cadeaux. Avec le sentiment que la chanteuse a été pour eux d'une générosité infinie, qu'elle leur a donné plus qu'ils ne croyaient obtenir. Sa voix, qui par moment murmure, prend parfois de l'ampleur, s'enfle et monte. « Tout d'un coup, dit-elle, on décolle et c'est fantastique. J'ai toujours voulu faire le saut qui arrache à la terre. Mon rêve était d'être ballerine. J'ai essayé, à quinze-seize ans, mais j'étais trop grande et pas douée. Je restais vissée au sol. J'avais beau décoller dans ma tête, ce n'est pas suffisant pour devenir une danseuse. J'ai renoncé par trahison de corps. La chanson m'aide à décoller. Quand je chante très haut, j'éprouve la même émotion un peu spirituelle que lorsque j'étais choriste à l'école. Je pleure toujours quand j'entends la voix des solistes d'une chorale d'enfants. Il y a là quelque chose de sacré, de religieux... »

Cette religiosité, on la retrouve dans la salle. Pas seulement à cause de la communion qui s'est installée entre Jane et le public du Bataclan. Mais la manière de l'écouter, l'attention avec laquelle chacun de ses mots, chacune de ses intonations sont appréciés et disséqués, l'amitié admirative dont on fait preuve à son égard, tiennent du rituel et d'un rituel fort éloigné de celui du show business. On aime Jane, on trouve en elle la fraternité qu'on espérait, mais on a aussi besoin de lui témoigner du respect. Sa pureté, son honnêteté, son intégrité, son innocence l'exigent.

Les chansons s'égrènent sans que se modifie le climat qu'elle a créé. Une gravité légère, une mélancolie à fleur de peau baignent l'assemblée. Pas de rires. Parfois un sourire furtif. Pas de larmes, simplement un petit pincement au cœur. Sur le clavier des émotions, Jane frôle les touches sans

« Pour la première fois,
je devais apprendre
mes chansons par cœur. »

trop appuyer. C'est là son rôle, sa tâche. On ne la veut pas véhémente et volubile, déchirante à la manière d'une chanteuse réaliste. Son désespoir, puisque désespoir il y a, souvent sous-jacent et parfois affirmé, dans les textes de Serge, doit être voilé par la douceur, caché sous une réserve pudique. Gainsbourg camoufle ses malheurs sous le sarcasme, Jane les siens sous la tendresse.

On lui en est reconnaissant. Tout à l'heure, comme tous les soirs, dans sa loge, quand les spectateurs viendront lui faire acte d'allégeance, elle les reconnaîtra : des jeunes hommes surtout, sensibles, un peu paumés, mal à l'aise dans la société et dans la vie courante, réconfortés par elle comme elle l'a été par eux, au moment où elle était contrainte de leur faire face. Pour eux, elle est celle qu'ils souhaitent rencontrer. Pas un bouc émissaire comme le fut parfois la grande Piaf. Une sœur, une grande sœur, indulgente, et compréhensive. Parce qu'elle a connu les mêmes émois, les mêmes chagrins, les mêmes bonheurs fugitifs qu'eux.

Grâce à eux un peu, grâce à elle beaucoup, elle gagne au Bataclan. Son coup d'essai est un coup de maître. Vedette du disque en février 1987, elle est en mars vedette de la scène. A ce succès, comme toujours, elle trouve des explications : la gentillesse du public, les dimensions réduites de la salle. « Le Bataclan est suffisamment intime pour me convenir. Je ne pourrais pas passer devant dix mille personnes à la fois. Je n'ai pas assez à donner, je n'ai pas un vrai show à montrer. Mon répertoire est plutôt confidentiel. J'ai besoin d'un lieu sans prétention, qui s'accomode de moyens simples. »

En avril, au Printemps de Bourges, elle triomphe devant des milliers de personnes et fait d'une grande salle un lieu d'intimité et de confidence. Sa présence, son charme jouent, c'est certain. Elle ne le croit pas. Ses succès, elle les impute aux autres. « J'ai eu la chance de rencontrer quelques personnes qui ont compris ce que je voulais et de quoi j'étais capable. Elles l'ont même parfois compris avant moi. Mais le désir, je l'avais. Il me manquait juste quelqu'un pour me rassurer, pour me dire que je pouvais sauter. Tout le monde veut sauter. Il faut juste qu'on vous donne confiance... Et qu'on vous pousse un peu. »

On l'a poussée. Mais le désir, elle l'avait. N'était-ce pas l'essentiel ?

"J'étais exactement ça : un bel accessoire

Dans le public comme dans la presse, Jane est, sans le vouloir, parvenue à faire naître autour d'elle une sorte d'unanimité dans l'approbation. Elle provoque le consensus. Tous, les hommes de la rue comme les critiques de cinéma, de théâtre ou de chanson, ont pour elle une bienveillante tendresse. Ceux-là mêmes qui, à cause de ses provocations, vouent aux gémonies le sulfureux Gainsbarre, oublient en la voyant chanter, que, depuis toujours, elle chante Serge et qu'elle ne chante pratiquement que Serge. Elle tourne un film. Il est bon, on en rend grâce à Jane. Il est médiocre, on lui fait grâce des critiques acerbes. Les amateurs de Claude Zidi lui pardonnent de tourner avec Jacques Doillon ; ceux qui l'ont admirée dans *La pirate* n'ont pas le cœur de lui reprocher son rôle dans *La course à l'échalote*.

Personne, absolument personne, ne l'attend au tournant. Personne ne guette ses défaillances. Personne n'a envie de la voir abandonner cette position de star bon enfant que la foule lui attribue. Ce qui pour d'autres passerait pour de l'intellectualisme — sa fréquentation des gens de l'avant-garde cinématographique, ou pour des compromissions, ses apparitions sur les écrans de la télévision lors d'émissions très populaires — semble naturel chez elle. Pis ! (ou mieux !). Ceux qui détestent les variétés télévisuelles font exception pour celles où elle se montre. Même son accent qui pourrait agacer (voilà presque vingt ans qu'elle vit en France et elle aurait dû s'en débarrasser !) est non seulement supporté mais admis et aimé. A croire que son charme transcende l'écran et qu'elle ennoblit les séquences et les jeux auxquels elle se prête. Prise par l'ambiance, elle s'était amusée, en compagnie de Pierre Tchernia, à imiter la poule. On aurait pu lui en vouloir, la trouver démagogue et ridicule. Aucune réaction en ce sens. On sourit, c'est tout. Un peu plus tard, un autre animateur lui propose de renouveler l'expérience. L'ambiance n'y est pas, elle refuse, gênée... On pourrait lui en vouloir, la trouver hautaine, prétentieuse. Cette idée n'effleure même pas le téléspectateur moyen.

Un miracle que ce soutien sans réserve ? Oui, sans doute. On aurait pourtant tort de croire qu'il était acquis d'avance, que, depuis son arrivée en France, il en a toujours été ainsi. C'est à coups de fusil que Jane a été accueillie par certains critiques. Jean-Philippe Thomann qui, en 1979, lui consacra une jolie biographie, a beau jeu de citer quelques textes particulièrement cinglants. Jean Collet, dans *Télérama,* écrit par exemple : « Jane Birkin pourrait s'appeler Johanna Shimkus, Mireille Darc ou l'anonyme cover-girl de cent cinquante magazines à la mode. » Jean Paul Torak lâche

dans *Positif* : « Les sentiments ne pèsent pas plus lourd que l'anguleuse Jane Birkin. » Tandis qu'un peu plus tard, Henri Rabine, dans *La Croix,* ironise sur Jane : « Maigre beauté insulaire aux mines boudeuses », et que Jacques Sickier, dans *Télérama* encore, à propos de *La piscine*, porte le coup de grâce : « Deray n'a rien pu tirer de Jane Birkin, qui n'a vraiment que sa beauté pour elle et paraît un ectoplasme… »

En contrepoint, il est vrai, d'autres critiques. Celle du *Figaro* : « Jane Birkin, c'est le talent à l'état brut : une grâce et une sincérité que ses maladresses rendent plus bouleversantes encore… » Celle de Marcel Martin, dans *Les Lettres Françaises* : « Elle propose avec grâce et secret une séduisante image de l'adolescence en proie aux vertiges de la perversion. » Celle de Robert Chazal, dans *France-Soir* ou celle d'Henri Chapier dans *Combat*, qui titre : « Une découverte : Jane Birkin », et qui explique qu'elle « réussit admirablement à créer un climat véridique et à camper un fort séduisant personnage. Elle a, poursuit Chapier, beaucoup de sincérité, de charme et de talent… »

Accueil mitigé donc. Non seulement Jane en convient, mais elle va plus loin dans la sévérité. Évoquant sa période londonienne, plus ancienne, elle raconte : « J'étais avec mon mari, John Barry, un compositeur célèbre (il avait fait la musique de James Bond) et, sur nous, Newsweek a écrit une formule terrible : John Barry est arrivé dans sa Jaguar type E avec, à ses côtés, sa femme type E. Cela voulait dire qu'on me considérait comme un bel accessoire. En vérité, j'étais exactement ça, un bel accessoire… »

N'importe ! Malgré les critiques et en dépit d'elle-même, le public l'adopte très vite. Pas pour ce qu'elle joue. Pour ce qu'elle est. Et peut-être encore plus pour ce qu'elle représente. « Un personnage exotique anglais… J'avais les dents en avant, j'avais l'allure et l'accent et j'avais l'uniforme, la mini-jupe et le petit panier d'osier, dit-elle. Dans le "swinging London" de l'époque, on comptait par millions les filles comme moi. A Paris, j'étais la seule. »

Elle se trompe évidemment, par excès de modestie. Mais son allusion au "swinging London" est juste. Elle est dans l'air du temps. Au lendemain de mai 1968 et malgré mai 1968, Londres reste un modèle. C'est la ville qui a inventé la libération des mœurs, la mini-jupe puis la maxi, Carnaby street, la remise en cause par la dérision des institutions et de la respectabilité britanniques. Souriante, ironique, désinvolte et spontanée, Jane incarne parfaitement une Albion libérée qui, par-dessus les moulins, fait voler ses cotillons. Bien avant d'être une comédienne reconnue ou une chanteuse aimée, elle devient un personnage populaire à la fois concret et mythique. Pour les Français et surtout pour les jeunes Français, elle existe indépendamment de ses rôles, indépendamment du travail, très réel, qu'elle accomplit.

"Pas le prince et la bergère, le blasé et la naïve

C'est là que commence à se manifester l'ambiguïté du comportement du public à son égard. Tout le monde connaît Jane, bientôt tout le monde l'aimera, mais les raisons de l'aimer varieront considérablement selon les époques et les individus. Ou plutôt, ses admirateurs se sont pour la plupart fixés sur une image toute faite qu'ils ont eux-mêmes inventée. Leur Jane est une jeune femme narquoise, rigolote,

Emouvante, nostalgique,
capable de faire venir
les larmes aux yeux.

plutôt légère de mœurs — elle se montre nue dans les films qu'elle interprète — et en même temps gentille, compréhensive, amicale. Les Américains appelaient autrefois Mary Pickford « la petite fiancée du monde ». Pour les Français, la Jane Birkin des années 1970, c'est la petite amie du monde, la fille qui peut donner du bonheur aux autres mais ne leur amène jamais de problèmes. Avoir Jane à son bras, c'est, pense-t-on, se sentir assuré de vivre une existence aimable et gaie.

Elle a beau, dans ses premiers films, interpréter plus de rôles dramatiques ou angoissants que de rôles comiques, elle a beau, dès ses premières chansons, se laisser bien plus souvent aller à la mélancolie qu'à la gaieté, rien n'y fait. Elle met dans les cœurs le sourire et souvent la joie s'y ajoute. Même sa sensualité indéniable n'implique pas le tragique. Elle n'a rien, pense-t-on, de la femme fatale qui fait brûler de passion dévorante les hommes qui l'approchent, puis qui les détruit. Une bonne copine, accueillante et apaisante, souvent drôle, voilà comment on la voit.

Il est vrai qu'elle-même contribue à dessiner cette silhouette. Elle forme avec Serge Gainsbourg un couple idéal, hors des normes, hors du commun. Faux agressif, faux cynique et vrai dandy, Serge s'amuse à accentuer les contrastes que le public ressent entre Jane et lui. Ce n'est pas le prince et la bergère, c'est le blasé et la naïve, l'homme revenu de tout et la femme qui découvre la vie. Pygmalion et Galatée, on l'a dit, on le dit encore, de moins en moins souvent, nous verrons plus loin combien c'est faux... Mais la formule plait. Pour le public, Serge est le mentor, le grand pervertisseur, celui qui transforme une fraîche fleur du pavé londonien en orchidée pour serre tropicale aux odeurs d'humus en décomposition. Pour rendre encore plus évidentes les différences, Serge soigne son laisser-aller. Avant

Jane, il s'habillait sobrement, portait des costumes classiques et des cravates ; le voilà en battle-dress, en veste de cérémonie portée avec un *jean* et des baskets. Bientôt viendra la barbe de trois jours, symbole de la transformation de Gainsbourg en Gainsbarre.

" Le système pileux, qu'est-ce que c'est ?

Le jeu égaye Jane. Elle s'y laisse prendre volontairement, par plaisir. Et pour faire plaisir à son compagnon. Un peu comme on feint de croire aux histoires drôles que racontent les enfants alors qu'on les connaît depuis la nuit des temps... Pour renforcer les provocations verbales de Serge, elle utilise son accent réel et son ignorance supposée de la langue française et lâche innocemment des énormités, de celles qui choquent, le langage n'ayant pas encore conquis sa liberté. On les lui pardonne, on les explique. Comment voulez-vous que cette pauvre petite, accouplée à un être aussi grossier, connaisse les bonnes manières françaises. On se souvient de savoureux dialogues au Pop Club entre José Artur, pas dupe du tout de la petite Anglaise, au sujet du nu au cinéma et du système pileux. Interprétant avec conviction le rôle de l'oie blanche, Jane insiste : « Le système pileux, qu'est-ce que c'est ? » donnant ainsi, sans avoir l'air d'y toucher, un contenu scabreux à une conversation qui n'était que grivoise. José Artur se rappelle : « Chaque fois que Jane venait au Pop, on savait qu'on allait s'amuser. »

Elle, en tout cas, s'amuse et le montre. Serge, on ne le croirait pas tant il veut paraître misanthrope, adore être l'objet d'articles dans les journaux. Sur son œuvre bien sûr, sur les chansons qu'il écrit ou qu'il interprète... Mais aussi sur sa vie quotidienne, ses activités « profanes » pourrait-on dire. Serge et Jane deviennent, pour les journalistes et les photographes de la grande presse, le couple médiatique par excellence. On les suit d'autant plus qu'ils se prêtent au rituel, acceptent volontiers les interviews et ne fuient pas les paparazzi... Au contraire, Serge par goût, Jane par gentillesse, facilitent le travail de leurs interlocuteurs : ils ont le droit de gagner leur vie, estiment-ils, et Jane avouera plus tard : « Je croyais m'en être fait des amis. Sauf dans quelques rares cas, j'avais tort. Quand j'ai rompu avec Serge, je voulais m'isoler, réfléchir, trouver le temps de comprendre les raisons de notre échec. J'étais partie avec les enfants. Ils m'ont traquée, ont publié des photos truquées de mes filles et de moi. Je n'ai plus le même regard sur les journalistes depuis cette époque. »

Le couple, encore uni, donne matière à copie et à images aux professionnels de l'information. Serge et Jane sortent toutes les nuits, vont dans les boîtes, participent aux fêtes, assistent aux réceptions. Des mondains ? Pas vraiment. L'un et l'autre gardent leur lucidité et si le regard qu'ils portent sur le comportement de leurs complices nocturnes reste bienveillant, il est aussi très aigu. Ils ne se font pas d'illusions. Les amitiés du petit matin, les connivences qui naissent entre fêtards sont aussi éphémères qu'elles sont nées rapidement. De ces virées, Serge puise les portraits au vitriol qui marqueront un temps les couplets qu'il écrit.

Relatées abondamment, les frasques — plutôt innocentes d'ailleurs — du couple contribuent à dessiner la silhouette de Jane auprès du public. La jolie petite Anglaise se déver-

gonde ; elle ne résiste pas aux pressions de son maître en amoralité. Mais comme tout se passe avec le sourire, avec à la bouche, des plaisanteries légères, avec cette grâce qui fait croire que Jane pourrait plonger dans la boue sans se salir, la fréquentation des lieux où règne la pénombre, la participation à des réjouissances que l'on devine animées et arrosées, ne provoquent pas le moindre blâme. Plus la presse parle de Jane en dehors de son métier, plus la sympathie que l'on éprouve pour elle s'accroît. Elle le constate dans ses conversations avec les chauffeurs de taxi (elle adore les taxis). Au “swinging London” a succédé pour elle le “swinging Paris”. Elle en éprouve du plaisir. Les Parisiens aussi.

Elle travaille pourtant, avec un acharnement demesuré, tourne film sur film, enregistre, passe sur les plateaux de la télévision. Mais, même si on la voit régulièrement sur les écrans, grands et petits, même si elle se tue au labeur, on ne remarque pas en elle la travailleuse têtue efficace et touchante de bonne volonté que connaîssent les metteurs en scène. La Jane populaire est différente de la Jane comédienne et chanteuse. Des multiples facettes du personnage, l'homme de la rue n'en retient qu'une, celle qui correspond le mieux au mythe. La vraie star, croit-on, est une oisive dont la seule occupation est de passer d'une réception à l'autre. Impossible de l'imaginer ardente à la tâche et anxieuse devant les résultats de ses efforts.

De malentendu en malentendu, elle progresse. Malgré son statut d'étrangère. Et à cause de lui. On n'aimait guère les Anglais dans l'Hexagone. Entre autres griefs, on leur reprochait d'avoir exilé Napoléon Bonaparte et brûlé Jeanne d'Arc. Voilà qu'ils nous envoient Jane Birkin et tout, ou presque, est pardonné. L'élégance innée de la belle fait oublier les chapeaux de la Queen et, plus tard, les accoutrements et la sécheresse de cœur de Margaret Thatcher. La

Britannique aux pieds plats, aux grandes dents et à la morale victorienne laisse la place à la fine et souple fille née outre-Manche, qui donne des leçons de maintien à nos vedettes.

D'une année à l'autre, la popularité de Jane grandit, l'ambiguïté demeure. Et cela, bien que son mode de vie change totalement. On ne la voit plus dans les boîtes, elle n'assiste que très rarement aux réceptions. « Je vis loin des mondanités, dit-elle. Je n'ai plus besoin de sortir la nuit. Je n'ai plus besoin d'être en représentation. Être noctambule, c'est aussi tenir un rôle. Je l'ai complétement abandonné. Je « faisais » les boîtes à une époque et à un âge qui convenaient à ce genre d'activités. J'y serais moins à l'aise aujourd'hui et je m'y sentirais moins bien. Autant les abandonner complètement. J'ai quand même ma fierté. »

Johny-Jane, androgyne d'un film-culte

La voilà donc, hors travail, presque casanière. Mère de famille modèle. Grand-mère même : Kate, la fille qu'elle a eue avec John Barry, est devenue mère à son tour. « Je m'occupe des enfants, de Charlotte et de Lou, la plus petite. A quatre, cinq ans, elle a beaucoup besoin de moi... Quelquefois, rarement, je m'accorde le droit d'aller voir un film ou un spectacle... Je fais un aller et retour avec un vague sentiment de culpabilité. J'ai volé quelques heures à

Kate, Charlotte et leur maman.

Lou. Ce n'est pas bien de préférer, même pour un temps très court, le spectacle à ma fille. »

Elle est donc passée d'un extrême à l'autre. Sans que cela la trouble le moins du monde. Au contraire, elle en éprouve un certain bonheur. Son nouveau style lui plaît beaucoup. Elle profite du temps nouvellement disponible pour travailler, elle passe ses soirées à apprendre ses textes, elle met au point ses projets. Bref, détendue, elle travaille et se perfectionne.

En même temps que s'inverse sa vie quotidienne, ses emplois cinématographiques changent également. Serge Gainsbourg, avec *Je t'aime... moi non plus*, est de ceux qui marquent le tournant. Un film très provoquant : le personnage androgyne de Johny-Jane surprend et choque et plus encore le rapport amoureux qui s'installe entre un homosexuel et une « garçonne », une fille proche du garçon. Un film controversé : à son sujet, les critiques se disputent et frôlent l'injure. « Les critiques étaient très mitigés, dit-elle. Il y en avait de très bonnes et de très insultantes. C'est le film que je suis le plus fière d'avoir tourné. Je l'adore. Il est mis pour moi entre parenthèses, comme une chose à part dans ma carrière. »

Accueilli à boulets rouges par une bonne partie de la presse, le film accroche peu le public. Commercialement, c'est un échec. Mais très vite une aura de légende l'environne. Pour une masse de cinéphiles, il devient un de ces « films-cultes » qu'on évoque en permanence, qu'on les ait vus ou non, et dont on considère qu'ils marquent une étape ou un aboutissement. « Je sais, dit Jane, qu'il va durer éternellement. C'est un film qu'on reverra dans les cinés-clubs. »

Serge donne le départ. Désormais, l'avant-garde cinématographique va s'intéresser à Jane. Déjà, Robert Benayoun, critique de la revue *Positif*, avait fait appel à elle quand il a mis en scène *Sérieux comme le plaisir*. Malgré l'échec de *Je t'aime... moi non plus* et la pause qui s'ensuit dans la carrière de Jane, on se rue sur elle. « C'était pour moi une chose bizarre et elle reste bizarre aujourd'hui, raconte-t-elle. Ces dernières années, j'ai eu beaucoup de chance. Que des réalisateurs de la valeur de Jacques Rivette, Jacques Doillon, Jean-Luc Godard ou Agnès Varda s'intéressent à moi, c'était presque trop beau. Je ne pouvais imaginer mieux. Jusque-là, je les admirais de loin, tout en pensant que je n'appartenais pas à leur univers. Ils sont venus. Je me suis retrouvée au Festival de Venise avec *Dust*, le film de Marion Hänsel, en sélection officielle au Festival de Cannes avec *La pirate* de Doillon. Et, bien sûr, sur la scène du Théâtre des Amandiers avec Patrice Chéreau et Marivaux... C'était vraiment inespéré... »

Oscillant entre « La pirate » et « Les grosses têtes »

Elle a donc changé. Considérablement. Mais son image demeure, presque immuable. Jane s'en aperçoit et ironique raconte : « Quand les gens dans la rue m'abordaient pour me dire : "Bravo, continuez", je pensais, ils vont me parler de Nanterre ou de *La pirate*. Mais non, ils insistaient : "Continuez à faire *Les grosses têtes*..." Elle participait alors à la célèbre émission de RTL, comme elle avait, plus tôt, participé à d'autres émissions radiophoniques. Pour qui a

Jane B. par Agnès V. La réalité, l'imagination.

choses à dire, les dit agréablement et sait capter l'attention, la radio est un média fantastique. Il eut été étonnant que Jane ne l'utilisât pas.

N'empêche ! Les réactions populaires l'étonnent un peu. Jane : « Ça me faisait drôle d'être appréciée pour *Les grosses têtes* alors que j'avais l'impression de me lancer dans des choses bien plus importantes. Et, en même temps, je me disais : il faut absolument continuer *Les grosses têtes*, sinon toute une partie du public va croire que j'ai disparu. C'est la même chose pour mon accent. Godard me dit : "Pourquoi ne vous en débarrassez-vous pas ?" Et mon chauffeur de taxi insiste : "Surtout gardez-le. Il vous va bien." Je suis prise entre deux mondes, deux publics qui ont de moi une image totalement différente. »

Une image qui peut-être va se modifier. Elle vient de tourner avec Agnès Varda deux films. Elle avait été bouleversée par Varda et par Sandrine Bonnaire en voyant *Sans toit ni loi,* et elle avait écrit à la réalisatrice et à la comédienne pour leur témoigner son admiration. Réaction immédiate d'Agnès Varda : elle propose à Jane de travailler avec elle. De là ces deux films.

Le second, *Kung Fu Master*, c'est la concrétisation d'une idée de Jane : une femme de quarante ans tombe amoureuse d'un garçon de quatorze ans, camarade de classe de sa fille. L'histoire lui a été inspirée lors d'une « boum » de Charlotte par un gosse qu'elle a trouvé en train de vomir, qu'elle a amené dans la salle de bain et qu'elle a soigné. S'enchaîne toute une série de catastrophes, pas très joyeuses en vérité. Jane est la jeune femme passionnée guettée par le malheur. A ses côtés, Charlotte et le fils d'Agnès Varda, Mathieu Demy. Jane avait voulu présenter son synopsis à Patrice Chéreau ; « Il m'a involontairement posé un lapin. Il était désolé ». Agnès l'a adopté d'enthousiasme. Dans *Kung*

Fu Master, on découvrira un peu de Jane. Pas beaucoup. Elle joue un rôle.

Le premier film, en revanche, a beaucoup plus de chance de la faire mieux connaître. Son titre : *Jane B. Par Agnès V.* Au départ, l'intention de Jane était simple : elle voulait décrire l'angoisse d'une femme qui panique à l'idée de vieillir. Agnès a aussitôt répliqué : « Tu es trop jeune pour ce rôle. » Mais elle a dit aussi : « Maintenant tu peux tout jouer, tu peux te mettre dans la peau de n'importe qui... Tu n'es plus stéréotypée, tu es devenue un personnage. Jane qui rentre dans un rôle, qui va jusqu'au bout et qui reste Jane... ».

Sur Jane, Agnès Varda a voulu faire un film comme on peint un tableau : en touches légères. En revenant en arrière, en corrigeant. En mêlant la réalité : les interviews, et la fiction : les rôles que Jane aurait voulu tourner... Jane est Ariane, Eurydice, Calamity Jane ; et aussi Maurel dans *Maurel et Lardy*, version très libre des aventures de Laurel et Hardy. Et même Jeanne d'Arc. « Un rôle impossible pour moi. Vous imaginez avec mon accent, criant : "Je vais bouter les Anglais hors de France." Impossible n'est pas anglais. Et Jane meurt sur le bûcher.

Sur Jane, on apprend beaucoup de choses quand on voit *Jane B. par Agnès V.* La connaît-t-on mieux ? Oui, sans doute. On la trouve multiple, riche, vivante, variée. Mais il n'est pas certain que ces images si diversifiées du personnage et du talent de Jane suffisent à dissiper le mythe. Même si, comme elle le croit et comme elle le craint, on l'agresse, Jane gardera en fin de compte le capital de sympathie dont elle dispose dans le public. Pour de bonnes raisons ou pour de mauvaises, parce qu'elle plaît ou parce que plaît surtout l'image qu'on se fait d'elle, on ne sait. L'essentiel, c'est que l'on continue de l'aimer.

La pirate : Andrew et Jane.
« J'étais toujours son lieutenant. »

C'est presque par effraction que, le 14 décembre 1946, Jane Birkin est entrée dans l'existence. Une grossesse imprévue, un enfant qui arrive alors qu'on ne l'attendait pas, une césarienne pour la libérer du ventre maternel. Bref, toute une série d'épisodes tragi-comiques qui, chez leurs héros involontaires, peuvent laisser des traces. Il est possible que cette irruption intempestive dans le monde ait, plus tard, influé sur le comportement de Jane. Si elle tient tant à être aimée, si elle offre tant de tendresse, de chaleur et de générosité à ceux qui l'entourent, c'est peut-être pour se faire pardonner d'être là. Peut-être se sent-elle surnuméraire, sur la Terre. Psychanalyse, de bazar, bien sûr. « J'ai été l'enfant le plus facilement admis, le plus formidablement aimé. »

N'empêche ! Arrivée irrégulièrement, hors des normes admises, encombrante bien que désirée pour sa mère qui, en la portant, avait dû abandonner ses activités, elle n'a depuis lors, c'est vrai, jamais cessé de se sentir coupable... Coupable de ne pas faire assez bien, de ne pas penser davantage aux autres, de gaspiller pour elle-même un temps précieux qui pourrait être utile à autrui. Elle dit : « Quand je joue un rôle ou quand je chante, je m'attends toujours à des critiques ou à des blâmes. S'ils viennent, je ne m'étonne pas : je sais bien que j'ai probablement été insuffisante. Les compliments par contre me surprennent. J'ai souvent l'impression de les voler, de ne pas les mériter. »

Une culpabilité acquise dès l'enfance donc. Il est exact qu'après la naissance de son frère Andrew, sa mère au lieu de mincir a gardé ses rondeurs, et qu'on s'est aperçu avec surprise qu'un autre enfant était en gestation et qu'une petite Jane prématurée allait voir le jour. La maman, actrice, a dû abandonner le rôle qu'elle devait interpréter, et Jane a longtemps cru que la rupture entre sa mère et le grand producteur de spectacles Binky Beaumont était due à cette grossesse un peu spéciale. (Elle apprendra beaucoup plus tard que d'autres causes ont joué).

Mais il ne faut pas exagérer. Inattendue, Jane n'était pas une fillette non voulue. C'est plutôt l'inverse. Elle trouve immédiatement dans sa famille les prévenances, l'affection et l'amour dont tout enfant a besoin. Mieux ! les rapports qui la lient à Linda, sa jeune sœur, à Andrew, à sa mère et à son père, tiennent de la passion. Impossible de trouver la moindre faille dans ce bloc familial.

Le père, le commandant David Birkin de la Royal Navy, est un héros. Fragile, trop sans doute pour être incorporé dans une unité normale, il a mené dans la guerre qui vient de s'achever son combat solitaire. Il allait dans une petite embarcation récupérer sur les côtes de France les Résistants qui voulaient rejoindre l'Angleterre. La légende veut que, parmi les clandestins qu'il a ainsi transportés figure un certain Morland, le pseudonyme qu'avait choisi François Mitterrand. Missions périlleuses, discrètes et pénibles et qui ne placent pas celui qui les accomplit sous le feu des projecteurs. A ce père exceptionnel, qu'elle voit moins qu'elle ne le voudrait — son état de santé l'oblige à de fréquents séjours en hôpital — Jane voue une admiration sans bornes. Pour rien au monde, elle ne le decevrait. « J'avais peur qu'il m'enlève sa considération. J'étais prête à tout pour qu'il m'admire. Prête à traverser un escalier en feu. Prête à me jeter par la fenêtre avec une corde nouée autour de la taille, ce qu'Andrew ne voulait pas faire parce qu'il trouvait le jeu trop dangereux. Alors, quitte à me tuer pour lui, je voulais montrer à mon papa que je suis courageuse. Le courage, c'est la peur qu'on oublie pour plaire à quelqu'un. » Jane, quand il le faut, sait oublier sa peur. Et pas seulement pour plaire.

Sa mère, Jane l'admire également. C'est une actrice et une chanteuse très populaire. Judy Campbell (son nom de scène) a été pendant toute la guerre l'idole, la consolatrice, l'interprète la plus aimée des Tommies. Sa photo était fixée au mur des chambrées, ses disques, des 78 tours, tournaient inlassablement sur les pick-up des cantines militaires. « Ma mère était une femme très belle et très attachante », dit Jane.

Chose curieuse, malgré sa mère, malgré le cousin par alliance Carol Reed, metteur en scène célèbre qui connaîtra une renommée mondiale grâce à son film *Le troisième homme*, Jane n'est pas une enfant de la balle. Judy Campbell refuse de mêler son travail et sa vie personnelle. La famille passe avant tout. On vit ensemble à la campagne, dans une vieille maison. On évite les réceptions, fréquentes dans le milieu du spectacle. Jane petite fille ne verra jamais sa maman sur une scène. Le vert paradis des amours enfantines est pour elle un monde clos, tiède, protégé.

" Une sorte d'âge kamikaze, inquiétant, terrifiant

Il lui faudra quand même le quitter pour aller en internat. Un internat bizarre, pas trop sévère, pas trop indulgent. « Pour moi l'internat n'était pas cruel. Juste misérable. J'évitais de faire des bêtises. Je craignais qu'elles figurent sur les rapports qu'on envoyait à la famille et que mes parents soient déçus. Alors, j'étais sage, je tentais de me montrer parfaite et c'était dur. Je m'acharnais au travail, ce qui

Le temps de Lolita. « Ça m'amusait et ça faisait plaisir à Serge. »

faisait dire : “Elle n’est pas brillante mais elle essaie.” C’est terrible de travailler en sachant que l’on n’est pas doué… A cela, je n’ai jamais échappé. Je crois toujours que les gens m’aiment, bien qu’ils me sachent peu douée. Ils se disent : “Elle n’est pas douée, mais elle est gentille.” Ah ! Qu’un jour on ose dire de moi : “Elle n’est pas gentille, mais elle a quelque chose !” Qu’est-ce que ça me ferait plaisir ! »

Internat normal. Des amitiés. Des admirations surtout : Jane cherche toujours quelqu’un à admirer. Là, c’est une autre fillette, qui s’appelle également Jane, et qui est un peu plus âgée que la nôtre. Il y a quatre groupes en compétition dans l’école, et cette Jane est chef du groupe auquel appartient Jane B. Elle aussi, il ne faut pas la décevoir. Un retard, une distraction, une mauvaise note, et le groupe tout entier recule. « Pour une fille de douze ans, c’était terrible comme responsabilité. Tu as l’impression que si tu ne fais pas bien, tu coules l’Angleterre. » Des vacheries aussi, l’internat lui en offre. On se moque d’elle, de son allure peu féminine. Elle quitte l’enfance, une « situation confortable », pour basculer dans une « sorte d’âge kamikaze », inquiétant, terrifiant… « Je croyais que c’était indispensable d’avoir la grosse bouche rouge, d’avoir des yeux maquillés noirs. »

Heureusement il y a les vacances en famille et surtout Andrew, le frère aîné. Il est drôle, « génial », dit-elle, il a du culot, il est un peu révolutionnaire et totalement anticonformiste. Pour Jane, c’est toujours le même scénario : admiration, peur de décevoir, et elle se retrouve embarquée dans de nouvelles aventures. Il chaparde, elle fait le guet, avec au ventre la peur de voir surgir la police. « J’étais toujours son adjoint, son lieutenant. Je n’ai jamais été capitaine. » Avec Andrew et la famille, Jane tourne en seize millimètres des petits films d’amateurs. Mais des vrais films, qui racontent des histoires, avec un début et une fin.

De cette enfance, Jane ne s'est jamais totalement libérée. Elle en parle et la nostalgie lui vient. Elle évoque cette sorte de coupure qui s'est manifestée entre Andrew et elle le jour où elle a porté une robe. « Mon frère m'aimait comme un garçon. Quand j'ai descendu l'escalier avec ma robe turquoise brillante, il m'a regardé et m'a dit : c'est fini. » En vacances, toujours en pantalon, elle se conduisait comme un garçon manqué. Mais Andrew reste son confident. Elle parle avec émotion de Linda qu'elle trouvait bien plus belle qu'elle. Et quand un événement important se produit pour elle, son « papa » et sa « maman » sont toujours là.

“Ça dépend si la caméra tombe amoureuse de moi

C'est à la sortie de l'internat qu'elle commença à penser au spectacle. Un jour, peut-être par défi, elle demanda à Carol Reed si elle pouvait faire du cinéma. « Ça dépend, dit-il, si la caméra tombe amoureuse de toi. » Une anecdote qu'elle conte volontiers. A cause de la formule qu'elle trouve jolie. Et parce qu'elle se souvient de la joie qu'elle a éprouvée quand il lui a répondu. Il n'a pas fermé les portes. Il n'a pas été négatif.

C'est au cinéma qu'elle pense, mais c'est au théâtre qu'elle va débuter. Elle croise le producteur Binky Beaumont, se présente à lui comme « la raison pour laquelle il n'emploie plus sa mère depuis seize ans », lui demande conseil sur le choix d'un cours d'art dramatique. « N'y allez pas, dit-il. Ils vont vous gâcher. Il y a en vous une parcelle de fragilité qu'il ne faut pas détruire. » Pour lui, elle doit, sans attendre, commencer à jouer.

C'est décidé. Elle va essayer. Aidée de Judy Campbell, elle apprend un texte. Sa maman exulte ; sa fille va lui succéder. Le père, David, hésite plus. Il a peur de la voir changer, peur de la perdre, peur qu'on la vole. Une actrice dans la famille suffit à son bonheur. Une deuxième lui paraît beaucoup. Mais il aime trop Jane pour ne pas accéder à ses désirs. S'ensuit alors une série de quiproquos plutôt heureux qui montrent que déjà les maladresses de Jane séduisent.

Elle va, dans une robe simple que sa mère vient d'acheter pour elle, avec sur la poitrine une rose que son père lui a offerte, passer une audition. Elle se trompe de salle, entre dans un autre théâtre, se présente sur scène, oublie son texte, émeut les examinateurs (si l'on peut dire) « à cause de mon angoisse qu'ils ont trouvée touchante et parce que mon rôle est muet » et finit par être engagée après une ultime question : « Combien pesez-vous ? Il fallait, explique-t-elle que le garçon puisse me porter dans ses bras. » Elle joue. Continue à jouer malgré une septicémie (elle s'est blessée à la jambe), doit être conduite d'urgence à l'hôpital, mais conserve son rôle. Peut-être à cause de son poids léger.

S'enchaîne alors une comédie musicale un peu niaise, *Passion flower hotel*, où ne jouent que des débutants aux limites de l'amateurisme. Problème : elle ne sait ni danser ni chanter. Aucune importance. On va écrire un rôle pour elle. Elle sera le personnage marrant de la pièce, le lutin, « la fille à la poitrine plate », dit-elle avec un grand sourire. La pièce est un bide. Les critiques s'interrogent sur Jane : a-t-elle du talent ou est-elle complètement idiote ? Elle a dix-huit ans.

Elle fréquente le Pickwick Club, rendez-vous du show business londonien. Dans l'ascenseur, elle croise un homme,

le plus attirant qu'on puisse trouver en ce lieu ; le compositeur John Barry. « Je suis tombée amoureuse sans y croire. Toutes les filles étaient folles de lui. » C'est elle pourtant qu'il choisit. Et qu'il épouse. Elle ne comprends pas. « J'étais incrédule. Comment peut-il me trouver bien ? Qu'il m'ait choisie parmi toutes ces filles qui faisaient de la comédie musicale. Il avait le choix. Elles étaient une vingtaine. Eh non ! Il a décidé de m'épouser, moi ! J'étais sidérée. » Encore la légende : elle est persuadée qu'il ne l'aime que pour son apparence et que, si elle se montre telle qu'elle est, elle sera rejetée. Alors elle dort avec, sous l'oreiller, son crayon pour se maquiller les yeux, pour qu'il ne la voit pas le visage nu.

"La jeune fille au pair et ses sévères patrons

En même temps, elle fait une figuration dans *The Knack* de Richard Lester, un film dont John Barry a écrit la musique. A ses côtés, Charlotte Rampling, Jacqueline Bisset ; le film est une pépinière de vedettes. Très caractéristique de l'atmosphère britannique de l'époque, *The Knack* devient un succès mondial. Mais ce n'est pas lui qui fera éclater Jane.

Le ménage Barry-Birkin bat vite de l'aile. Agé de treize ans de plus que Jane, déjà divorcé, John est un personnage en vogue. Il a besoin d'une maîtresse de maison. Un rôle pour lequel elle n'est pas faite. « Je suis restée longtemps sans choisir entre garçon et fille. A seize ans, j'étais encore une petite fille. A tel point que ma mère s'est inquiétée et m'a amenée voir un docteur. Après, je suis devenue aussi nunuche que les autres. J'ai mis du rouge à lèvres, j'ai essayé de faire avec les moyens du bord, j'ai acheté des faux seins. J'étais devenue une sorte de travelo qui voulait ressembler à une femme. Avec John, j'étais insupportable. La jalousie, les cris, les pleurs... Je passais mes journées à pleurer dans la salle de bain et je pleurais toutes les nuits. J'aurais voulu qu'il s'occupe de moi, qu'il me consacre du temps, or, toute la journée il travaillait. Il me demandait de lui porter un œuf à midi et de lui garantir que le dîner serait prêt le soir à sept heure et demie. »

Jane est enceinte. Kate naît. Jane fabule. Elle raconte des histoires aux chauffeurs de taxi qui la ramènent chez elle ; elle a honte de la demeure somptueuse qu'elle habite, explique qu'elle n'est qu'une fille au pair et que les patrons sont sévères. « Après ça, je me trouvais dans des nœuds épouvantables. Ils disaient : “Pauvre petite, est-ce que vous voulez sortir ce soir avec moi.” J'ai eu beaucoup de chance que le cinéma m'accepte. C'est une grande satisfaction de pouvoir jouer d'autres personnages. Et une plus grande encore de pouvoir ne pas aller jusqu'au bout, d'être un peu lâche. »

Antonioni tourne un film à Londres, *Blow Up*. Il cherche des actrices pour une séquence déshabillée. Janc veut un rôle. John lui dit : « Tu n'auras pas le courage de te montrer nue. Ici, à la maison, tu éteins la lumière quand tu te déshabilles. » C'est vrai. « Mon mari a dit une phrase de trop. Celle qu'il ne fallait pas dire. Quand Antonioni m'a appelée au téléphone, je n'ai pas hésité. J'ai accepté immédiatement. Je n'aurais pas le courage, disait John. J'ai eu ce courage, justement. »

Le temps de Lolita.
« Ça m'amusait et ça faisait plaisir à Serge. »

C'est la fin. Jane prend Kate dans ses bras et retourne chez ses parents. Désespérée. « Un drame pour moi. Je croyais que je ne me relèverais jamais de la honte de n'avoir pas su garder cette irrésistible personne. Finalement quel cadeau ça a été de le voir partir. Je lui suis pourtant reconnaissante. Il m'a donné Kate ».

Il faut pourtant à Jane un certain temps pour digérer la rupture. « C'est terrible l'échec. Quand vous vous sentez responsable de n'avoir été ni attractive ni séduisante. Quand quelqu'un vous quitte en vous laissant votre enfant. Vous supposez que vous n'avez pas su faire ce qu'il fallait, que l'échec vient de vous. Ce qui était vrai d'ailleurs. »

Heureusement, il y a le film d'Antonioni. Il lui a fait décolorer ses cheveux. Il l'a rendue blonde alors qu'il a rendue brune sa partenaire Gillian Hills. Jane se juge godiche : « J'étais totalement nulle. » Mais le film a du succès, il sera présenté à Cannes. Et Jane et Gillian font scandale. La presse insiste sur leur nudité. C'est l'une des premières fois où l'on ose, dans un film, montrer les poils du pubis. Bref, on commence à parler beaucoup de Jane. Elle acquiert une sorte de célébrité. Plutôt douteuse d'ailleurs.

A preuve, malgré le bruit fait sur elle, on ne lui propose plus de rôle. Elle a choqué les pudibonds britanniques et cela ne se pardonne pas. A part une petite figuration, elle ne tournera plus pendant deux ans. Heureusement, Pierre Grimblat cherche une petite Anglaise pour jouer l'héroïne de *Slogan*, le film qu'il prépare avec Serge Gainsbourg. Jane sera choisie. C'est le tournant de sa carrière. Et de sa vie. « C'était très gai de venir à Paris avec Kate. Ça m'a sauvé le moral. »

Ça n'est pas un hasard si le premier succès médiatique de Jane correspond au rôle qu'elle joue dans *Blow up*, un film où elle se montre nue. Il y a là probablement un clin d'œil de son destin. Sans le vouloir, sans même oser l'imaginer, tant elle a de doutes sur les qualités de sa plastique, Jane est appelée à devenir un sex-symbol. Sex-symbol d'un genre très particulier, très différent de ceux qui l'ont précédé. Mais sex-symbol tout de même.

La voir prendre la suite de Marilyn ou de Bardot surprend les tenants de la beauté traditionnelle. Marilyn avec ses étonnements, ses rondeurs, ses joies et ses désespérances mettait dans le cœur des hommes à la fois le désir et l'angoisse. Ils trouvaient chez Brigitte un corps de femme, des moues et des caprices d'enfant, émouvants et érotiques. Toutes deux, comme celles qui les avaient précédées, obéissaient aux canons rigoureux de la statuaire grecque. Pour elles, le classicisme était de rigueur.

« Un sex-symbol ambigu et futuriste

Jane fait éclater le genre. Ambivalente, ambiguë, androgyne, — elle chantera bientôt : « Je suis le portrait de mon père tout craché » — elle propose une silhouette de garçon manqué au charme très féminin. « Les autres filles ont de beaux nichons, moi je reste aussi plate qu'un garçon... Que c'est con ! », fredonne-t-elle dans *Di doo dah*. Elle va très vite prouver que l'attraction, le sex-appeal ne dépendent nullement de mensurations précises et répertoriées. Un sourire, un regard, un geste suffisent à faire naître le désir quand ils témoignent de la grâce de celle qui les offre.

D'ailleurs les modes changent. A la femme aux glandes mammaires hypertrophiées, mère de substitution pour des générations de mâles sans doute sevrés trop tôt, succède la compagne, la partenaire, la copine... On ne se réfugie plus dans son giron pour être consolé ; on marche à ses côtés, on s'appuie sur elle. Comme sur un bon compagnon. Dans quelques mois ou quelques semaines, le style unisexe s'imposera dans les boutiques de mode. Jane le précède, mais à peine.

Peut-être est-ce pour cela qu'elle ne se trouve pas en rivalité, en compétition, avec les autres femmes. Celles-ci détestaient souvent Brigitte et vilipendaient Marilyn. Elles n'ont pas peur de Jane. Jane n'est ni « la femme aux bijoux », une « enjôleuse », qui « rend les hommes fous », ni la vamp fascinante et terrifiante du cinéma hollywoodien. Même ses audaces et sa nudité n'inquièteront pas. On pense, à son sujet, aux vers de « Sidonie », une chanson qu'interprétait Bardot : « Pour elle, être nue est son plus charmant vêtement... » Birkin porte le nu avec naturel, innocence, fraîcheur... Sa tenue, du moins en France, n'est pas un motif de scandale. « Je n'ai jamais, dit-elle, reçu de lettres d'injures de femmes jalouses. »

Dans la transformation de Jane en sex-symbol, Serge Gainsbourg va évidemment jouer un rôle, moins important peut-être qu'on ne le pense. A Londres, Pierre Grimblat cherche une fille pour jouer aux côtés de Serge. Seul, ou avec l'aide de Just Jackin (les versions divergent !), Grimblat découvre Jane, l'adopte et l'engage : elle sera l'héroïne de *Slogan*. Premiers contacts difficiles avec Serge. Celui-ci, ours caustique volontiers féroce, ne l'épargne guère. Il la couvre de sarcasmes, se moque de son langage, de son accent, de ses maladresses, de son allure. Le cœur gros, elle encaisse. « C'était une hostilité ambulante », constate-t-elle.

Mais têtue, butée, elle tient bon. Il y a dans l'attitude de Serge un défi qu'elle ne se sent pas le droit de refuser. On ne veut pas d'elle, donc elle s'impose. Là encore elle pourrait dire : « J'ai ma fierté tout de même… »

"La prison, autant la risquer pour un 33 tours

En l'agressant, Gainsbourg obéit à sa légende. Il n'a pas encore cette célébrité redoutable qu'on lui accorde aujourd'hui, mais c'est déjà un personnage connu. Et discuté. Depuis dix ans, il chante et, depuis dix ans, il multiplie les provocations. Avec moins de rudesse et plus de précautions que celles qu'actuellement il lance, mais cela porte tout autant. Couplet après couplet, il clame sa misogynie, sa volonté de n'entrer dans aucune catégorie reconnue, son désespoir aussi, que parfois il confond avec la lucidité. Il ne croit apparemment en rien, ne se fait aucune illusion sur personne et se hâte de rompre avec un style dès qu'il a l'impression qu'un groupe d'admirateurs se forme autour de lui. Auteur-compositeur-interprète « rive gauche », il écrivait pour lui et pour des chanteuses « intellectuelles » comme Juliette Gréco ou Michèle Arnaud. Le voilà devenu fabricant de tubes pour « yéyés ». Bien sûr, à l'usage, on s'apercevra que *Poupée de cire poupée de son*, menée par France Gall au Grand Prix de l'Eurovision, n'est pas une chanson indifférente. On y trouve, dessiné d'une pointe sèche, le portrait clinique de l'idole. De même, la grivoiserie au second degré des *Sucettes à l'anis d'Annie* est encore accentuée par le fait que c'est une toute jeune fille qui, inconsciemment, s'en fait le porte-parole.

Quand il chante lui-même, il multiplie les provocations, fait de ses supposées partenaires féminines des victimes consentantes. Il leur dit : « En relisant ta lettre, je m'aperçois que l'orthographe et toi, ça fait deux… » Ou bien : « Ce mortel ennui qui me vient quand je suis avec toi… » Au cinéma, il s'est longtemps spécialisé dans les films à peplum où il joue les rôles de traîtres, de seconds couteaux. Bref, il pourrait fort bien illustrer la formule publicitaire inventée par Hollywood pour définir Eric von Stroheïm : « L'homme que vous adoreriez haïr ». D'autant que, par ces temps où l'hypocrisie règne encore et voile toutes les tentatives d'érotisme, il ose écrire et chanter : « Je te prendrai doucement et sans contrainte ». Coup d'audace : *L'eau à la bouche* est plus difficile à faire accepter que ne le sera, quinze ans plus tard *Love on the beat*.

A ce personnage sulfureux, Jane s'affronte. Elle n'est pas femme à se fier aux apparences. Très vite, elle découvre que la férocité et le cynisme ne sont que protection, que sous la carapace et le piquant, se cache un homme tendre, attachant, bien plus sentimental qu'il ne l'avouera jamais. Elle racontera plus tard : « Quand j'ai découvert qu'il était complexé, qu'il se trouvait laid et qu'en plus, il était juif, je me suis mise à l'aimer. » Lui aussi l'aime. « Pas un coup de foudre, explique-t-il, quelque chose de plus insidieux et de plus profond. » Il a déjà une réputation de séducteur patenté. Les plus belles du moment sont passées par ses bras, du moins c'est ce qu'affirme la rumeur publique. N'empêche : la présence de « rascals » qui tournent autour de Jane l'irrite au plus haut point. Il se déclare, les élimine du même coup. Gainsbourg et sa petite Anglaise, son « Gainsborough »

Les diablesses.

La piscine.
Le Figaro : « Jane Birkin, c'est le talent à l'état brut. »

comme il dit, n'attendent pas *69, année érotique* pour former un couple.

« Il est arrivé au moment où j'avais besoin de lui. Je sortais de l'échec avec John. Quand quelqu'un comme Serge vous dit que vous êtes belle, bien faite, que vous plaisez, que tout en vous est bon, ça vous surprend et ça vous regonfle, vous êtes vachement contente. Vous recommencez à avoir confiance. Avant, je croyais que je ne pouvais pas plaire sans me cacher sous le maquillage. Après son arrivée, j'ai commencé par en supprimer des petits bouts et je me suis retrouvée sans maquillage. Et sans honte. Je n'avais plus peur de me montrer le visage nu. »

Ensemble, Jane et Serge vont très vite frapper un grand coup. Gainsbourg avait écrit une chanson, *Je t'aime... moi non plus*, terriblement érotique, et il l'avait enregistrée avec Brigitte Bardot. L'enregistrement n'était pas sorti. Bardot, alors en plein conflit avec son époux, s'y était opposée et Gainsbourg, galant homme, avait tenu compte de ce refus. Mais il a envie que la chanson sorte, s'est déjà adressé à plusieurs belles interprètes, toutes d'accord pour chanter « Je t'aime... » avec lui. Naturellement, Jane sera dans le duo son alter ego. Elle n'est pas chanteuse. Peut-être. Encore qu'elle ait chanté avec lui la chanson du film *Slogan*.

> Elle : *« Tu es vil, tu es veule, tu es vain*
> *Tu es vieux, tu es vide, tu n'es rien ».*
> Lui : *« Évelyne, tu es injuste*
> *Évelyne, tu vois*
> *Tu m'aimes encore ».*

Je t'aime... moi non plus est enregistré. A nouveau la légende. Serge se rend en compagnie de Jane, en mini-jupe, dans le bureau du P.-d.g. de Philips, Georges Meyerstein-Mégret : « Si nous sortons ça, nous risquons la prison, vous et moi. La risquer pour un 45 tours, ça ne vaut pas le coup. Autant la risquer pour un album LP. » Serge s'exécute, concocte à toute allure un trente-trois tours dont les couplets seront interprétés soit par Jane, soit par lui. Et voilà Jane projetée presque involontairement dans un univers nouveau pour elle, celui de la chanson.

Les textes que Serge écrit pour elle paraissent gentils, parfois marrants, pas choquants pour deux sous. Il y a notamment *18-39*, *Orang-outang*..., des chansons qu'on entendra beaucoup et qui conforteront ceux qui ne voient en Jane qu'une Lolita. Jane : « J'ai joué un peu ce rôle parce que je voulais lui plaire et qu'il trouvait le personnage de Lolita à son goût. Il était content de moi, content de mon corps dont on s'était tellement moqué à l'internat. Ce qui en moi avait été longtemps considéré comme des défauts lui apparaissait comme des qualités et je l'en remerciais pour ça. Pour moi, c'était très confortable de tomber sur lui... Alors, loin d'être « victimisée » par ce personnage de Lolita, j'étais heureuse d'y entrer. Ça m'a agacée plus tard. Au début, ça me faisait rire... » À Lolita, la silhouette, la voix, le souffle de Jane correspondent. Pas étonnant que le public se laisse prendre.

Ce n'est pourtant pas la Lolita que l'album va propulser au sommet. Mais, bien entendu, la partenaire de Serge dans les ébats musicaux de *Je t'aime... moi non plus*. Jane avait quitté la Grande-Bretagne sur un scandale ; elle marque, avec Serge, son arrivée en France par un autre scandale. Celui-là est énorme. Hurlements des bien-pensants de tous poils, indignation des journaux conformistes... Ceux-là mêmes qui, en privé, se réjouissent de la saine tradition française de la chanson paillarde, se voilent hypocritement le visage en entendant les gémissements et les paroles précises de Serge :

« Je vais et je viens
Entre tes reins
Je vais et je viens
Entre tes reins
Et je
Me re-
tiens. »

L'indignation passe les frontières. A Rome, le très officiel Osservatore Romano, porte-parole de l'État du Vatican, dénonce et condamne, bientôt suivi par l'Église catholique toute entière. La direction hollandaise de Philips se sent tellement honteuse devant ces réactions, que le titre maudit disparaît du catalogue de la firme. L'album, retiré de la vente, sera remplacé par un nouveau où la chanson de *Slogan* remplace *Je t'aime... moi non plus*. Le titre reparaîtra bientôt sous un autre label et la compagnie phonographique d'Eindoven ne laissera pas de plumes dans l'aventure, ses administrateurs ayant pris la sage précaution d'en conserver les droits.

Cette mauvaise réputation universelle, jointe aux qualités de la musique et du texte, et au contraste entre la voix, âpre, déformée par le désir, de Serge, et celle, fraîche et passionnée, de Jane, porte très vite ses fruits. Peu d'auteurs, peu d'interprètes ont la chance d'avoir l'Église catholique comme agent de publicité. Résultat : *Je t'aime... moi non plus* est diffusé en des millions d'exemplaires et se classe parmi les meilleures ventes en France, Scandinavie, Allemagne de l'Ouest, et même en Grande-Bretagne où certains feignent d'y voir une glorification de la sodomie. La Lolita langoureuse et sensuelle du premier album l'emporte ainsi largement sur la petite fille prépubère d'*Orang-outang*.

Cette image de Jane est encore renforcée par les rôles qu'elle interprète au cinéma. Une héroïne de bande dessinée britannique a connu un énorme succès durant la Seconde Guerre mondiale. Les soldats l'adoraient parce qu'elle leur permettait d'éveiller leurs fantasmes et de meubler leur solitude. Cette héroïne, qui, curieusement, s'appelait Jane elle aussi, était poursuivie par un sort contraire qui l'amenait, à la fin de chacune de ses aventures, à se retrouver vêtue de ses seuls sous-vêtements : sa jupe se coinçait dans les portes, les branches d'un arbre lui arrachaient son chemisier et on la revoyait, en bout d'épisode, à peine protégée par son soutien-gorge, sa petite culotte et sa probité candide.

« Innocente et nue dans une baignoire

La libéralisation des mœurs aidant, les sous-vêtements ne sont plus nécessaires à Jane B. Elle est nue (dans une baignoire) dans *Slogan*, nue en interprétant une scène d'amour très érotique du *Chemin de Katmandou*, nue dans *Delitto à Oxford*, érotique dans *Cannabis*, satanique dans deux ou trois films d'épouvante qu'elle tourne, nue (encore dans une baignoire) dans *Sérieux comme le plaisir*, nue dans *Projection privée*, nue (toujours dans une baignoire) dans *La course à l'échalotte*, perverse dans *Le diable au cœur*…

« Dans *Comment réussir quand on est con et pleurnichard* du gentil Michel Audiard, je jouais le rôle d'une strip-teaseuse. Ce qui fait que j'ai passé la moitié du film à poil. J'avais, pour le personnage, pris des leçons de strip-tease avec une professionnelle du « Sexy ». J'ai quand même raté le film. Je n'avais pas le débit, la rapidité de paroles qui conviennent à l'argot d'Audiard. Il aurait fallu Arletty à ma place. Pour balancer "cette slang" dans les gencives… Je me suis revue dans ce film, j'ai eu honte ; j'étais insupportable. » Elle est aussi une « gentille pute » au cœur tendre dans *Le mouton enragé*, une fille légère mais sensée qui met son corps et ses faveurs en actions qu'elle vend à ses amants, sociétaires en quelque sorte dans *Catherine et compagnie*. « L'idée, dit Jane, était bonne. Une fille qui veut grimper dans la société grâce à ses amants. Mais ça ne suffisait pas. Il aurait fallu, pour étoffer le rôle, lui donner un bébé par exemple. Quand tu veux gagner, c'est toujours pour quelqu'un. »

Dans *Don Juan 1973*, elle interprète, à côté de Brigitte Bardot la fameuse scène nue et caressante où on les voit toutes deux allongées sur un grand lit : deux symboles sexuels réunis. Vadim a mis au féminin le mythe de Don Juan, sur un scénario et des dialogues de Jean Cau (devenu depuis l'une des incarnations contemporaines du Père la Pudeur).

La rencontre avec Brigitte inquiétait Jane. Après tout, n'a-t-elle pas fait un succès mondial d'une chanson destinée à l'origine à la plus célèbre des stars françaises. Tout se passe bien. Jane trouve Brigitte très belle, charmante, merveilleuse et fine. « Belle de bout en bout », dit-elle. Pleine d'humour aussi : allongées sur le lit, nous devions fredonner une chanson. « Pourquoi pas : *Je t'aime… moi non plus*, m'a-t-elle suggéré… » Pas d'étincelles ni de heurts entre les deux reines du sex-appeal. Visiblement dans *Don Juan 1973*, elles ne sont pas rivales mais complices.

Ainsi, même confrontée au plus établi des sex-symbols, Jane tient la comparaison. Son absence d'avantages extérieurs ne gène plus personne. Une exception pourtant. Elle

Dom Juan 1973. « Bardot, elle est belle de bout en bout. »

tourne en Espagne un film, *La Miel* et le metteur en scène a bâti toute une séquence sur la vision de ses seins. Une scène difficile à réaliser. Jane s'en tire par une boutade : « Vous auriez pourtant dû savoir qu'en me prenant, vous alliez employer l'actrice la plus plate d'Europe. »

Même dans les films plus graves où elle se produit, sa sensualité, sa provocation sexuelle ne s'estompent pas. Au contraire, elles s'amplifient, deviennent plus complexes, plus ambiguës, plus désespérées. Comme elle le chante, sur un texte de Gainsbourg, *L'amour physique est sans issue*. Elle est, dans le film de Serge *Johny-Jane*, l'adolescente indéterminée qui promène « ses baskets et ses yeux candides » dans les décharges publiques et qui séduit un éboueur homosexuel... Ce qui fait écrire à Jacqueline Michel, chroniqueuse de *Télé 7 jours* : « Après ce numéro d'androgyne miteux, je crains bien qu'elle ne fasse plus rêver... » (En quoi Mme Michel se trompe).

"Danse... la décadanse bouge tes reins... doucement

Elle est la fille amoureuse de son père dans *La fille prodigue*, son premier film avec Jacques Doillon, à nouveau la fille amoureuse de son père dans *Dust*, l'amante déchirée de Marutchka Detmers dans *La pirate*, etc. C'est Anne-Marie Berri qui lui a fait découvrir Doillon. Elle aimait ses films, avait été passionnée par *La drôlesse*, mais ne le connaissait pas. « Doillon, ça me faisait penser à doyen, ce qui pour moi signifie âgé. Je croyais que Doillon, c'était le doyen du cinéma français. Je le voyais un peu comme Alain Resnais : les cheveux blancs, l'air digne, le regard passionné. J'ai été surprise de rencontrer un homme jeune, plutôt timide. Un peu inquiet, un peu triste aussi. »

Il est impensable que, dans cette mise en orbite de Jane-Supersexy, Gainsbourg ne joue pas son rôle d'incitateur provocateur. Il la photographie ou il la fait photographier dans des tenues plus que déshabillées et dans des positions qu'on ne saurait dire équivoques tant elles sont franches et directes. La voilà dans *Playboy* et dans *Lui*, en bas, talons hauts, porte-jaretelles, écartelée, enchaînée. Images très belles en général, et marquées de toutes les formes d'érotisme. Érotisme soie, érotisme cuir, érotisme métal, sadisme, masochisme, etc. Que le corps de Jane présente, pour les lecteurs de ces publications, un attrait exceptionnel est une évidence. Jane accepte le jeu. Toujours pour les mêmes raisons : faire plaisir à Serge. Et s'amuser. Serge lui a donné confiance en ses formes. Même si ses doutes subsistent, elle sait désormais passer outre.

Serge fait mieux : dans la lignée de *Je t'aime... moi non plus*, et en perfectionnant ses méthodes, il invente un nouveau pas, *La décadanse*. Sur un air grave, presque liturgique, un homme, une femme dansent, serrés l'un contre l'autre. Comme on le fait dans le slow. A un détail près : le bas du dos de la fille se plaque contre l'avant du garçon. Le refrain précise : « Et danse — la décadanse — oui c'est bien — bouge tes reins — lentement — contre les miens ». L'effet de *La décadanse* présentée par Jane et Serge dans une boîte de la rive gauche est saisissant. C'est visiblement une sorte de prélude à l'acte charnel. Bon ! *La décadanse* n'aura pas d'avenir. Trop timides, les couples n'oseront pas la danser dans sa version originale.

Je t'aime...
moi non plus
« Hey Johny Jane
Toi que traînes
tes baskets et
ton air candide. »

« *La décadanse* pour moi, c'est drôle, dit Jane, j'ai chanté ça presque au premier degré. Je croyais au côté liturgique de la chanson : "Dieu pardonne nos offenses – La décadanse m'a perdue..." Cela me faisait venir les larmes aux yeux. Je ne pensais pas au deuxième degré, ni à la provocation... Il y a eu la présentation de la chanson au Saint-Hilaire. Étonnant que personne jusque-là n'ait pensé à danser de cette façon. Peut-être était-ce trop extraverti, trop exhibitionniste... Personne n'avait non plus pensé à tourner *Je t'aime... moi non plus*, avec une fille qui veut bien se transformer en garçon. Pour Serge, c'est un peu la même veine. C'est un homme d'idées, Serge... »

Son emploi de sex-symbol, Jane l'assume avec bonne humeur et philosophie. Parfois il la gêne un peu. A peine. Quand on passe un de ses films déshabillés à 20 h 30 sur une chaîne de télé, elle a l'impression que le lendemain, elle sera agressée par les gens. Ça n'arrive jamais. « L'autre jour, raconte-t-elle, alors que la veille, un de ces films était passé, dans un magasin, une femme me regarde fixement. Je pense : ça y est, je vais trinquer. Elle s'approche de moi et gentiment me dit : « Pourquoi montrer tout le reste quand on a un aussi joli visage ? » D'ailleurs ça ne durera pas. Je vieillis. Bientôt je vais être sur mon banc, porter des lunettes. J'adore les gens qui mettent des lunettes pour lire l'addition. Ils étaient là, tout près de moi, et ils n'ont pas vu les petits détails, mes petits défauts...

Elle n'a plus honte de son corps, s'accepte telle qu'elle est et ne prend vraiment pas au sérieux sa réputation de sex-symbol. Tout cela tient de la plaisanterie, de l'erreur, d'une sorte d'illusion collective qui, un jour au l'autre, se dissipera. Quant à la sensualité qu'elle dégage dans ses rôles graves, elle lui semble également naturelle : le désir et la passion vont de pair et les rapports entre les êtres humains sont régis par eux. D'ailleurs, cela ne durera pas. Elle attend que vienne le moment où les yeux se décilleront. Sans crainte. Avec peut-être une certaine satisfaction. Elle dit : « Je suis maintenant une grand-mère... » Elle sourit. Les symboles sexuels ne sont plus ce qu'ils étaient.

"De mes films, je n'en renie aucun

« Le travail est pour moi une sorte de drogue. Je ne peux pas m'arrêter. Parce que si j'arrête, je sens que ça va aller mal. Au début, je prenais tout ce qu'on me proposait. J'avais l'impression que, si je refusais, personne ne me proposerait plus jamais rien. Le sujet du film, le metteur en scène, l'accueil du public avaient moins d'importance que le tournage lui-même. J'allais tourner comme on va à la fête. Avec l'équipe, les enfants et Serge qui souvent venait me rejoindre quand ça se passait au loin... Une façon peut-être d'échapper à la réalité, au quotidien, aux responsabilités. On est peinard quand on tourne... A tel point que je suis contente d'avoir fait en Italie un navet qui n'est jamais sorti en France. C'était dans une banlieue minable de Milan, un hôtel détestable. Serge était arrivé furieux ; boudeur, il a pris une chambre à part. Pour téléphoner, il fallait aller dans le couloir et, comme il y avait un chantier à côté, le bruit était terrible. Mais on s'est beaucoup amusé. La nuit, Serge jouait à l'homme-orchestre en tapant sur des casseroles. L'ambiance était très gaie, tout a été drôle. C'est là que

Comédie ! avec le « gentil Souchon ».

Serge a écrit *L'homme à tête de chou*. Voilà pourquoi je ne peux renier aucun film. J'ai tous voulu les faire. J'ai tourné des films par divertissement. »

Par divertissement peut-être, mais avec une volonté d'aller jusqu'au bout, de se donner à fond, de dépasser ce que le metteur en scène attendait d'elle. Jane ose, prend tous les risques, néglige sa peur et se lance, oubliant qu'il n'y a peut-être personne pour la recevoir : « J'ai toujours voulu plaire au metteur en scène, à celui qui faisait le film. »

Je voulais avaler l'eau de la piscine

Cette volonté l'amène parfois à des catastrophes. Elle tourne *Comédie !* de Jacques Doillon. Une comédie, comme son nom l'indique, mais axée sur la jalousie. Or, pour elle, « la jalousie, c'est une chose pénible et il faut pleurer à chaque instant ». Donc, elle croit savoir comment jouer. Jacques n'est pas d'accord. Elle s'entête. Résultat : « Il a fallu quatre-vingt-cinq prises pour que je veuille comprendre qu'il faut parfois être légère pour dire des choses graves. Je leur aurais rendu la vie plus facile si j'avais écouté Jacques. Il avait raison. Je ne m'en suis rendu compte qu'à la fin du film. »

Dans *Comédie !* encore, elle doit se laisser tomber dans la piscine. Légèrement. « J'ai toujours voulu aller plus loin qu'on ne me le demandait. Pour montrer que j'étais prête à le faire si nécessaire. Je suis tombée et j'étais disposée à me noyer. J'ai essayé d'avaler la moitié de l'eau de la piscine. J'y ai même entraîné Souchon. Ce n'était pas prévu dans le scénario. Jacques m'a dit : “Tu es folle. On ne tourne pas un court métrage sur les noyés”. Souchon n'avait pas de vêtements de rechange. Tout était raté. Nul ! Nul pour les caméras, nul pour Souchon. Jacques était accablé. Une fois encore, mon excès m'avait entraînée. Je pensais que sur chaque chose, il faut tout donner et j'avais tort. »

Cette sorte de perfectionnisme délirant, cette volonté de dépasser ce qu'on attend d'elle (elle a tellement besoin de prouver qu'elle en est capable) n'est pas nouvelle chez elle. Depuis le début, elle trouve minces, menues ses performances. Elle se sous-estime en permanence, dit de Charlotte : « Elle a un jeu merveilleux. Que je n'avais pas, moi. Ou plutôt que j'avais perdu depuis l'âge de quatorze ans quand on tournait en super-8 des films à la maison. J'ai connu une série de ratages rares pour la même femme. »

Ratages ! C'est elle qui l'affirme. A tort. Même dans ses films les plus anciens, que l'on revoit fréquemment à la télévision, elle colle toujours à la peau de son personnage. Adolescente fragile, provocante et rebelle dans *La piscine*, ou dans *Les chemins de Katmandou* ou piquante jeune Anglaise dans de très nombreuses productions axées sur sa silhouette et son accent, elle ne détonne jamais, ne crée jamais de gêne parmi les spectateurs. On a du mal à imaginer ce que serait son rôle interprété par d'autres, tant il lui correspond, tant elle s'y est fondue. Un exemple : *La moutarde me monte au nez* de Claude Zidi où, faire-valoir de Pierre Richard, elle interprète le rôle de la star Jackie Logan. Star, elle ne l'est pas encore dans la vie, et si elle se laissait aller à la superstition, elle aurait pu avoir peur d'occuper un tel emploi. D'autant que les producteurs, avant de l'engager, avaient d'abord pensé à Brigitte Bardot.

La moutarde me monte au nez avec Pierre Richard.

N'importe ! Elle se lance à l'aventure et, en la voyant, personne ne pense qu'il ne s'agit que d'une starlette qui joue les stars. Elle est naturellement la star dans le film comme elle le sera plus tard dans la réalité.

A ces réussites, bien sûr, Jane trouve des explications. Le réalisateur a su l'utiliser, il a su tirer d'elle tout ce qu'elle était capable de donner. Peut-être... Encore que la multiplication de ce genre d'expériences donne à penser et qu'on sait que, contrairement à ce que colporte la presse, Jane n'est pas une personne souple, malléable, facile à manier ; elle a des idées, sent les situations à sa façon et interprète des rôles dans sa propre version, d'autant meilleure qu'elle se rapproche le plus de la vraie Jane. Jane la vraie, est spontanée, à la fois naïve et intelligente, bourrée d'humour. Qu'on la mette dans des films où elle peut jouer de cette palette et elle s'y révèlera excellente. C'est ce que comprennent très vite les metteurs en scène qui travaillent avec elle : ils utilisent à fond ses capacités et le résultat est bon. Qu'elle leur en soit reconnaissante, c'est normal. Mais elle a tort de leur attribuer ses propres performances. Elle ne gagne que parce qu'elle est capable de gagner.

Ainsi, durant la première partie de sa carrière cinématographique française, elle est en passe de renouveler le comique au féminin. En France, pays de tradition conservatrice, la femme n'est drôle qu'un peu ridicule. Il faut, pour qu'elle fasse rire, qu'elle soit chargée de tares physiques, ou mal vêtue, ou pourvue de tics irrémédiables. La beauté et le comique ne vont pas ensemble et les « rigolotes » ne peuvent être vraiment séduisantes.

Jane casse ce jeu. Avec beaucoup de difficultés, semble-t-il, puisqu'elle constate : « Dans le comique, les filles sont moins bien servies que les hommes. On entend sans arrêt : être drôle, ce n'est pas sexy. Pourtant, ce n'est pas le cas aux

États-Unis ; aux dernières nouvelles, Marilyn Monroe, Shirley Mac Laine, Katharine Hepburn ou Barbara Stanwick étaient à la fois belles et drôles. N'empêche : les rôles marrants sont réservés aux hommes. On hésite toujours à rendre une jolie fille ridicule, tarée ou complexée. Sous prétexte qu'elle est belle, on ne veut pas forcer son personnage. C'est parfois dommage. »

Jane fait pleurer, c'est donc une grande

Elle adore rire et faire rire. Trouve que les cinéastes français manquent d'audace et ne vont pas assez loin. « En France, dans la farce, on n'est pas assez gonflé. Les situations les plus comiques sont souvent les plus désespérées. Rien n'est plus drôle qu'un suicide raté ou qu'une jolie fille qui se casse la figure. Josiane Balasko m'a dit : “Ma chance, c'est d'avoir eu des problèmes de grosse. Comme personne ne le faisait à ma place, j'ai dû écrire des rôles pour moi.” Et c'est vrai que le personnage d'institutrice qu'elle joue dans *Le maître d'école* avec Coluche est irrésistible. Elle se suicide, il est obligé de venir la sauver et elle lui saute dessus. En fait, son rôle est très proche de la réalité : des institutrices que les enfants rendent dingues, on en croise tous les jours. C'est, par le rire, une histoire très sérieuse que racontait Balasko. Quand je jouais des films de distraction, on ne me proposait jamais des situations de ce genre. Comme si on avait eu peur de me désespérer, on me confinait dans des personnages un peu flous, un peu légers. Par moments, je l'ai regretté. »

Ce que Jane ne dit pas, c'est qu'il existe en France une sorte de hiérarchie des valeurs. Sauf rares exceptions, le comédien comique est toujours jugé inférieur à l'acteur tragique. Fernandel, Bourvil et beaucoup d'autres n'accèdent au Panthéon des acteurs que le jour où ils émeuvent. Les qualités fantastiques d'un Coluche, amuseur public n° 1 de ces dernières années, ne seront vraiment reconnues par tous qu'après son interprétation poignante de l'ex-flic devenu gérant de station-service dans *Tchao Pantin*.

Jane va connaître la même consécration en jouant coup sur coup des rôles dramatiques dans trois films : *Sept morts sur ordonnance*, de Jacques Rouffio ; *Je t'aime... moi non plus*, de Serge Gainsbourg ; *Le diable au cœur*, de Bernard Queysanne. Des films qui n'obtiennent pas un succès public énorme, qui provoquent même quelques remous (on a déjà vu les réactions d'une partie de la presse et d'une majorité des spectateurs devant l'aventure scabreuse que relate le film de Gainsbourg), mais qui, auprès des cinéphiles, changent radicalement la manière dont on ressent Jane. Elle n'était qu'une petite Britannique délicieuse, tête en l'air et charmante... La voilà considérée comme une actrice à part entière, capable de tout jouer. Capable surtout de faire venir les larmes aux yeux, les sanglots à la gorge et l'angoisse au cœur. Jane trouble, Jane inquiète, Jane fait pleurer. Elle est donc devenue une grande.

Une grande qu'on perçoit mal. Là encore le conservatisme foncier des producteurs français joue. Qu'un comédien change de style, qu'il joue à contre-emploi, et on hésite à l'utiliser : le public a des habitudes, des réflexes innés, et il est dangereux de ne pas en tenir compte. On en tient compte et Jane se retrouve sans emploi durant une longue période.

L'équipe de *La pirate*... « Des gens m'ont dit : "Merci d'avoir fait ce film." »

« J'ai adoré et j'adore toujours le film de Serge mais je ne comptais pas trop sur lui. Après tout, j'étais une fois encore sa création, quelqu'un qu'il avait inventé… Mais les autres : Ruffio, Queysanne et Piccoli (qui m'avait beaucoup aidé) avaient pris des risques pour moi ; ils m'avaient enfin fait sortir du ghetto du personnage exotique où l'on me tenait enfermée. Je croyais qu'après ces essais formidables, j'allais pouvoir changer, jouer comme tout le monde, jouer tous les rôles. Romy Schneider m'avait même dit : "Ah ! Maintenant, on va te prendre au sérieux." Et j'étais très émue par ces paroles parce qu'elle avait un très bon jugement… Mais non. Pendant un an, rien n'est venu. »

"Jacques donne beaucoup de gloire à ses actrices

Elle estime cependant qu'elle a de la chance. Godard, Rivette ou Varda l'ont utilisée. « Quand j'étais plus jeune, même dans mes rêves les plus fous, je ne pouvais penser que ces gens-là allaient me regarder un jour. Leur indifférence ne me gênait même pas. Je n'étais pas amère. Simplement, je n'appartenais pas à leur monde. J'habitais ailleurs. Si je n'ai pas été choisie par les Truffaut de l'époque, c'est qu'à mon arrivée à Paris, je jouais aussi dans la vie. Ma vie publique et ma vie privée se confondaient. J'étais visible à l'Élysée-Matignon jusqu'à quatre heures du matin. Je vivais avec un partenaire hors du commun, qui possédait un talent hors du commun, et être à ses côtés, en lui faisant plaisir, était déjà une performance. Je ne regrette pas d'avoir vécu cela. Et je ne regrette pas non plus que les grands metteurs en scène m'aient alors ignorée. Le contraire aurait été étonnant. »

Rouffio la rend tragique, Gainsbourg fait d'elle une héroïne de l'underground, Jacques Doillon la transforme en star du cinéma différent. D'abord avec *La fille prodigue*, puis avec *La pirate*, avec *Comédie* ! enfin. « Jacques a été ma chance, dit-elle. Il a été celui qui a su montrer clairement un autre côté de moi. Jacques favorise ceux qui jouent pour lui. Il donne beaucoup de gloire à ses actrices. Les rôles féminins qu'il met en scène sont toujours très forts. Jamais faciles, mais très forts. »

La pirate est peut-être pour elle le principal révélateur. « Un film que je ne pouvais pas rater, explique-t-elle. Ni pour moi, ni pour Jacques, qui avait eu d'abord l'idée d'employer quelqu'un d'autre pour jouer le rôle. Il m'avait prise. Je n'avais pas le droit de le lui faire regretter. » *La pirate* amène pour elle de nouveaux rapports avec le public. « C'est drôle, beaucoup de gens m'ont dit : merci d'avoir fait ce film. Quand on m'attaquait, ils venaient se déclarer solidaires avec moi. C'était comme une sorte de complot. Un jour, une femme a traversé le jardin du Luxembourg pour venir me chuchoter cela. Un peu comme un mot de passe. Il y a beaucoup de gens qui n'arrivent pas à trouver leur place. Quand je les rencontre, j'ai peur de basculer dans un autre âge, de me découvrir un mal d'être. J'ai lu un article qui disait : il faut être bien dans son corps. Quelle étrange déclaration et comme elle revient souvent dans la bouche des gens ! »

Cette mue, cette transformation qui l'ont menée vers la gravité, Jane essaie de les expliquer. Elle se sentait bien dans les comédies qu'elle tournait, même celles qu'avec le

Avec Michel Piccoli,
« cet amour de Piccoli »,
dans *La fille prodigue*.

recul, elle ne juge pas réussies. Peut-être y a-t-il eu la mort d'Ava, son amie, qui la suivait sur tous ses tournages et qui ne la quittait que rarement. « Après la mort d'Ava, je ne trouvais plus le cinéma rigolo. Partir sur un film pour m'amuser ne me tentait plus parce qu'elle ne serait plus là pour rire avec moi. Je n'avais plus envie de la drôlerie, des valises, des escapades avec les enfants. »

La mort d'Ava agit sur Jane comme un révélateur. On la croyait légère, frivole, joyeuse, on la découvre mélancolique, inquiète, parfois au bord du désespoir. « C'est quand tu commences à montrer l'intérieur de toi qu'on commence à te croire... Quand le dedans devient incroyablement, insupportablement lourd, et que ça se voit parce que tu ne peux plus le cacher. Ça s'est vu un peu sur mon visage... J'avais trente ans. J'étais triste. J'avais l'impression que bientôt je serais éteinte. C'était un trou dans ma vie, une période bâtarde. J'avais été exotique, je croyais devenir terne. Je ne correspondais plus à rien. »

Des gens s'en aperçoivent. Michel Piccoli, « l'amour de Piccoli », dit-elle. Il est dans la carrière de Jane l'homme qui lui permet de prendre les tournants importants. Il l'amène à Rouffio et elle tourne *Sept morts sur ordonnance.* Il conseille à Patrice Chéreau de la faire travailler sur scène. Au théâtre, il la soutient, la défend, la protège. « Il me demandait toujours, après chaque représentation, si j'étais contente. Parce que lui est heureux au théâtre et que le dire lui semble normal. Moi, dire que j'étais contente, je ne le pouvais pas. Je croyais que j'en serais punie immédiatement. Et cela m'est arrivé. Par instants, je pensais, tiens, cette phrase, je l'ai bien dite, ça va faire plaisir à Chéreau. Immédiatement après, c'était comme les foudres du ciel, j'oubliais un mot, je gaffais, je ratais un effet... je m'autopunissais d'avoir été contente.

Elle joue *La fausse suivante* avec la peur au ventre. Un soir – « une soirée monstrueuse où j'ai cru que tout était foutu pour la vie » – quelqu'un dans la salle a crié : "Plus fort !" J'ai pensé que tous les soirs ils allaient crier : "Plus fort !" Et que le monsieur "Plus fort !" reviendrait. Chéreau me rassurait : "Mais non ! Tout est loué d'avance, il ne reviendra plus." Moi, de la scène, je le guettais... J'ai eu de la chance à Nanterre. Chéreau a su utiliser tous mes défauts : ne pas parler fort, avoir peur... Il a intégré tout ça dans le contexte de la pièce, pour faire croire que j'étais ainsi exprès, alors que pour moi, c'était tout bêtement des réactions animales. J'ai commencé dans de bonnes mains. Peu de gens m'ont été hostiles. On m'a dit que c'était plutôt bien. Beaucoup ont pensé : elle est moins con qu'on ne croyait. Mais de là à me dire intelligente, c'est une autre affaire... La dernière vague a été bonne pour moi. J'ai peur de la prochaine. Je suis sûre qu'ils vont être sans pitié. Je dois jouer une pièce d'Horowitz et on va me tomber dessus. »

Elle ne lit plus les critiques. Par crainte d'en découvrir de mauvaises. Quelquefois, chez le dentiste, elle feuillette les magazines : « J'essaie d'espionner », dit-elle. Mais ne s'attarde pas. On risque d'y parler d'elle. En mal. « Piccoli dit : il faut tout lire ou ne rien lire du tout. Avoir le courage de tout lire. Ou la lâcheté de ne rien lire. »

Elle a la nostalgie du Bataclan. Les musiciens, le travail quotidien lui manquent énormément. Pas les applaudissements. « Je ne les aimais pas, parce que je les trouvais très gentils, trop gentils. Je sais que cela se fait et j'étais heureuse d'applaudir Zouc dans la même salle. Je me suis dit : elle doit être contente, elle. Mois, je ne l'étais pas. Toujours pour les mêmes raisons. Il me suffisait de réussir une chanson, de la croire réussie pour qu'aussitôt vienne la punition. Par exemple, je me suis cassée la figure en allant vers les musiciens. C'est peut-être un manque d'humilité. Être content, savoir recevoir un cadeau au lieu d'être toujours la personne qui donne, c'est humble, c'est grâcieux. Je me suspecte de péché d'orgueil. Peut-être aussi ne suis-je pas assez bonne. A Nanterre comme au Bataclan, il faut se mettre dans de tels états de mélancolie, repêcher tant de souvenirs atroces pour être vraie, que tu ne peux pas tenir très longtemps. Quand je chantais la chanson pour Ava, *L'Amour de moi,* ou *Avec le temps,* j'étais tellement bouleversée qu'il me fallait deux ou trois chansons pour récupérer… Une chanson c'est une petite pièce, et quand tu la joues à fond, ça t'épuise. »

"Légère, nostalgique, une litanie sur la mort

« C'est un aquoiboniste – Un faiseur de plaisantristes – Qui dit toujours à quoi bon. A quoi bon… » Le héros de cette confession que chante Jane, c'en est évidemment l'auteur. C'est-à-dire depuis toujours, Serge le Maudit, Gainsbourg-Méphisto. Il la pousse à chanter, lui écrit ses musiques et ses textes, il popularise son personnage, exploite ses possibilités, lui apprend à mettre ses talents en avant. Un maître efficace. Avec Jane naît une nouvelle école de la chanson au féminin : ces voix qu'on utilise sans les forcer, cette manière de discrétion aussi bien dans l'émotion que

La fausse suivante
à Nanterre.
« Chéreau a su utiliser
tous mes défauts. »

dans l'humour, cet emploi du souffle comme support des mots, tout cela vient d'elle et, en conséquence, de Serge.

Maître, certes, mais pas Pygmalion. Serge n'a pas une statue de boue pour lui donner vie, il n'a pas imprimé sa marque sur une âme vierge. Le terrain, non cultivé, était riche, propre à produire : une terre encore en jachère, mais prometteuse. Il suffisait de semer, sans doute plus encore d'ordonner, pour qu'éclosent les fleurs. Il le reconnait lui-même : « Jane a toujours existé. Comme femme. Comme personnage. Comme interprète. Il fallait simplement l'encourager, lui donner confiance en elle. »

Il l'encourage. Elle démarre, mais toujours dans l'ambiguïté. Toute l'existence de Jane est marquée par de curieux caprices du destin. Elle plaît, et elle plaît vite. Sans qu'on sache exactement pourquoi. La noctambule désinvolte et sexy, la ravissante et pas trop naïve petite Anglaise de cinéma et la chanteuse se fondent et se confondent dans l'esprit du public : on les croit semblables. Et l'on trouve un charme primesautier, voisin de la gaieté, aux couplets qu'elle fredonne et qu'elle fait fredonner. A croire qu'en elle tout doit coïncider, que la rieuse Jane du cinéma rigolo ne peut que rigoler aussi dans ses refrains. On les entend, on les retient, on ne les comprend pas forcément.

Or, dès le premier demi-album qu'elle interprète, celui que Serge a conçu pour accompagner *Je t'aime… moi non plus,* Serge et elle ont choisi le goût amer, la couleur noire, le désespoir à peine tempéré par l'ironie. « Dans la chanson, Serge ne m'a jamais vraiment considéré comme un personnage marrant. » D'accord, le visage de Jane sur les pochettes est amusant et la lecture des titres peut prêter à confusion… D'accord, *Orang-outang* conte les amours bizarres entre une fillette attardée et la poupée, usée par les ans, déchirée et déchiquetée, qui l'accompagne au lit ! Pourtant déjà quelques vers devraient troubler l'auditeur attentif : « Mais depuis longtemps — J'aime ce vieux dégoûtant... »

Plus troublantes encore les autres chansons de ce disque-test pour Jane. Les titres sont légers : les couplets racontent des drames à la limite du sordide. *Le canari est sur le balcon* ne narre pas une bluette bucolique, c'est le récit d'un suicide : « Avant d'ouvrir le gaz elle pense à son canari — (...) — Elle prend la cage et va sur le balcon ». Plus frappante encore *Jane B.* la chanson fétiche de Birkin... On en connaît les premiers vers ; on les trouve à la fois distanciés et aériens, éthérés... Le texte évoque un assassinat. Jane B., « habitant chez ses parents », a disparu à cinq heures du matin. Pour la suite, deux versions suivent. Celle que Jane chante : « Tu dors au bord du chemin — Une fleur de sang à la main... » Celle que Serge a écrite, avant ou après la première interprétation : « Tu dors au creux du chemin — Le couteau de ton assassin — Au creux de tes reins... » La quiétude qui, au départ, semble se dégager des vers de Gainsbourg, laisse vite place à une souffrance âcre. La souriante Jane devient Jane la douloureuse.

C'est qu'autour de Jane chanteuse, la mort ne cesse de rôder. Elle emporte *Melody Nelson,* ce drame musical sur vinyle où Serge évoque ses amours romantiques et sardoniques avec une adolescente prépubère : Melody, c'est-à-dire Jane dans les chœurs et les réponses au héros, est donc vouée au trépas. Un accident l'emporte, comme des accidents, des maladies ou des overdoses ont emporté les héros que Serge lui fait évoquer dans *Ex-fan des sixties :* « Disparus Bryan Jones — Jim Morrison — Eddie Cochrane — Buddy-Holly — Idem Jimmy Hendrix — Otis Reading — Janis Joplin — T. Rex — Elvis ». Il y a dans cette si légère et si nostalgique litanie sur les noms des idoles des années 60 comme un parfum d'apocalypse, un fumet de catastrophe

Jane et Mathieu Demy.

nucléaire. Morte aussi la si douce, la si belle Marilyn *Norma Jean Baker.*

La mort rôde, la vie est à peine plus attrayante. Une vie où l'on traîne, à la recherche d'amours furtives : « Help ! Help ! Je suis à toi mon beau routier — Prends-moi, prends-moi sur ton camion-citerne — La vie est si terne... » (*Help camionneur*). D'amours dérisoires : « Souviens-toi la première fois à l'hôtel — Tu m'as dit que j'étais une petite putain — Alors tu aurais préféré — Que je te le cache... » (*C'est la vie qui veut ça*). D'amours médiocres : « J'irai voir le marin dans la soute — Avec lui ça va chauffer... » (*Banana boat*). D'amours sans bonheur : « L'amour connais pas — L'amour physique oui, sur l'bout des doigts — Avec des garçons qui prennent leur plaisir sans moi... » (*L'amour sans moi*). D'amours sans réponse : « Je t'aime — Et toi-même — Dis-moi que tu m'aimes — Dis le moi si même — Cela n'est pas... » (Physique et sans issue). D'amours-tortures : « N'remues pas s'il te plaît — Le couteau dans le play — Tu mets en vrac — Tout dans l'même sac — Les faux sentiments et les vrais... » (*Le couteau dans le play*).

"Je suis devenue la face B. de Serge

De ce monde amer et sans espoir que la chanson bâtit autour de Jane, elle se tire comme elle peut en jouant avec les images, les mots et avec les lettres. Gainsbourg l'entraîne dans un *Exercice en forme de Z* où elle zozotte avec délices :

« Zazie — A sa visite au zoo — Zazie suçant son Zan — S'amusait d'un vers luisant — D'Isidore Izou… ». La voilà « Classée X », courant à perdre haleine après le X de sexe. Elle traîne près des flippers des bars borgnes où elle guette cette *Cible qui bouge* qu'on doit allumer. Ou éteindre : « J'aime les coins un peu sordides j'aime les bouges… »

Le drame prend des allures de calembours, de coq-à-l'âne, d'à-peu-près et de jeux de mots divers : « Si j'hésite entre le moi et le je — Si je balance entre l'émoi et le jeu — C'est que mon propre équilibre mental est en l'enjeu… » (*Le moi et le je*)… « Con, c'est con, ces conséquences », chante-t-elle : « C'est con qu'on se quitte — Faut se rendre à l'évidence… » Comme pour conjurer le sort, la rupture adopte des accents guillerets : « Il est parti chercher des cigarettes — En fait il est parti… » Ou bien, « Tu es parti — Partie perdue… » Ou encore : « Tu n'es pas concernée — Plutôt du genre consterné… »

Parfois les sonorités semblent plus âpres, plus rudes, si difficiles à supporter que l'élégance, la distance et l'ironie ne suffisent plus pour cacher que l'on a fait mal à l'autre et que l'on s'est fait mal. Vient l'époque d'*Haine pour aime,* de la *Rupture au miroir :* Sur le miroir au rouge à lèvres — elle m'a laissé un mot d'adieu — « Pardonne-moi petite Jane — Je m'en vais je veux refaire ma vie… »

Alors on souffre l'un et l'autre. On s'étonne : « Quoi — De notre amour ne resteraient que des cendres… » On essaie de bouleverser l'autre, comme dans cette chanson *Overseas telegram* que Serge a ensuite rebaptisée *Télégramme pour Jane :*

> *« J'aimerais que ce télégramme*
> *Soit le plus beau télégramme*
> *De tous les télégrammes*
> *Que tu recevras jamais*

« Signalement : yeux bleux, cheveux châtains... »

....
Qu'à la fin du télégramme
Tu te mettes à pleurer... »

Ainsi, depuis dix-neuf ans, se poursuit cet étrange dialogue d'amour entre l'auteur et la chanteuse, autrefois unis, aujourd'hui amis. Avec des éclairs de lucidité : *Fuir le bonheur de peur qu'il ne se sauve.* Des cris d'espoir qui ne peuvent qu'être déçus : « Croire aux cieux, croire aux dieux – Même quand tout nous semble odieux – Que notre cœur est mis à sang et à feu. » Les plaisanteries, beaucoup plus rares qu'on ne croit, dont Serge parsème le répertoire de Jane, ne peuvent convaincre personne. Il a beau la faire souffler dans les *Capotes anglaises* ou converser avec le maniaque du téléphone : *Raccrochez c'est une horreur,* on sourit à peine. Gainsbourg a dit un jour : « J'aime le noir, il n'y a pas de plus belle teinte que le noir. » Jane approuve et ajoute : « Peut-être écrit-on mieux quand on est malheureux. »

Dures, on l'a vu, dès le début, les chansons de Jane vont avec le temps de plus en plus loin dans le désespoir et la désillusion. « Il m'a fallu des années pour avoir le courage de lui demander de m'écrire des choses plus difficiles. J'avais peur qu'il se moque, qu'il sourit. Mais non ! Il a accepté. Ses chansons, c'est un peu son chagrin à lui. Je suis devenue la face B de Serge, son côté triste, mélancolique, blessé, douloureux. Lui, en public, il veut garder son extérieur provocateur et grognon. Il m'a offert ses chansons d'angoisse et de solitude, ses constats d'échec, des échecs plus graves, plus profonds encore que le saignement d'une blessure. Des chansons pour moi douloureuses à chanter. A travers elles, on se rend compte de la souffrance de l'autre, alors qu'on sait que l'échec est partagé, qu'on en est aussi responsable. C'est étrange de passer une heure et demie sur une scène en chantant des couplets que quelqu'un a écrits pour vous presque à la première personne. Plus étrange encore qu'elles disent des choses qui me ressemblent beaucoup. Alors que ce n'est pas en mon nom qu'il les a crées. Serge m'a donné son rôle à jouer. »

La cassure qui se produit entre eux deux semble un moment irrémédiable. Chacun a pris un chemin différent. Serge vit avec Bambou, a un petit garçon, le petit Lulu, qui désormais occupe une place importante dans ses pensées. Jane trouve Jacques Doillon, dont elle parle peu parce qu'il est discret et qu'il n'aime pas qu'on parle de lui. De ce couple est née une petite fille, Lou. Pour Jacques, (et pour l'un de ses films) Jane sacrifie ses cheveux. Elle n'avait pas osé avant. Parce que Serge lui disait : « Fais la lionne » et que, pour faire la lionne, il faut une crinière. « Couper ses cheveux, c'est comme donner les années d'avant à quelqu'un. C'est un cadeau très grave… »

"Quand tu aimes quelqu'un tu as besoin d'expliquer

La rupture, elle essaie de l'expliquer, d'y retrouver ses fautes. N'a-t-elle pas cultivé les défauts de Serge : « Je me demande jusqu'à quel point on n'entretient pas les faiblesses des gens qu'on aime pour les garder. J'ai assisté à des réunions des Alcooliques anonymes. J'étais fascinée. Parce que le personnage qui empêche l'alcoolique de se guérir, c'est souvent la femme ou la mère. Elles se sont habituées à la drogue et aux défauts de leurs malades. S'ils guérissent, elles sont complètement paumées. Alors, inconsciemment, elles freinent la guérison. »

Serge et elle ont rompu, rupture douloureuse s'il en fut. Leur union était trop exemplaire pour qu'elle ne devienne pas définitive et totale. Or, voilà que Jane enregistre à nouveau un grand disque et que c'est un disque de Serge. Avec les meilleures chansons qu'elle ait jamais chantées. « Les plus belles de ma vie », dit-elle. De nouveaux rapports naissent. Différents, mais étroits. A tel point que, professionnellement et amicalement, elle ne peut se passer de lui. Comme il ne peut se passer d'elle. Jane : « J'étais à Rome. Je chantais en italien la musique d'un feuilleton de télé. Je l'ai appelé. Lui a demandé d'écrire un texte français. Il l'a fait et, pour la première fois, j'ai enregistré sans lui. Mais dès que ça a été fait, je lui ai téléphoné de Rome pour qu'il écoute le résultat et qu'il juge. Il a aimé. J'ai été soulagée. C'est « Quoi ». Une très belle chanson. Pas une chanson-trahison. »

Cette sorte de fidélité, pas seulement à l'auteur-compositeur génial, mais aussi à l'ami de toujours, on la retrouve dans les interventions de Jane à la télévision ou ailleurs. Elle se présente face à lui dans une émission — dialogue : « J'avais envie de gratter la peinture dont il s'enduit pour se protéger. Quand tu aimes quelqu'un, tu as besoin d'expliquer pourquoi tu l'aimes, pourquoi il vaut le coup d'être aimé. Je ne veux pas connaître le provocateur, mais un être humain sensible et chaleureux. Je n'ai pas pu voir son *Jeu de la vérité,* je jouais. Après, j'ai demandé au barman comment il était. Il m'a répondu : « C'était Gainsbourg et pas Gainsbarre. » J'ai crié : « Chic ». Les gens étaient déçus et moi ravie. »

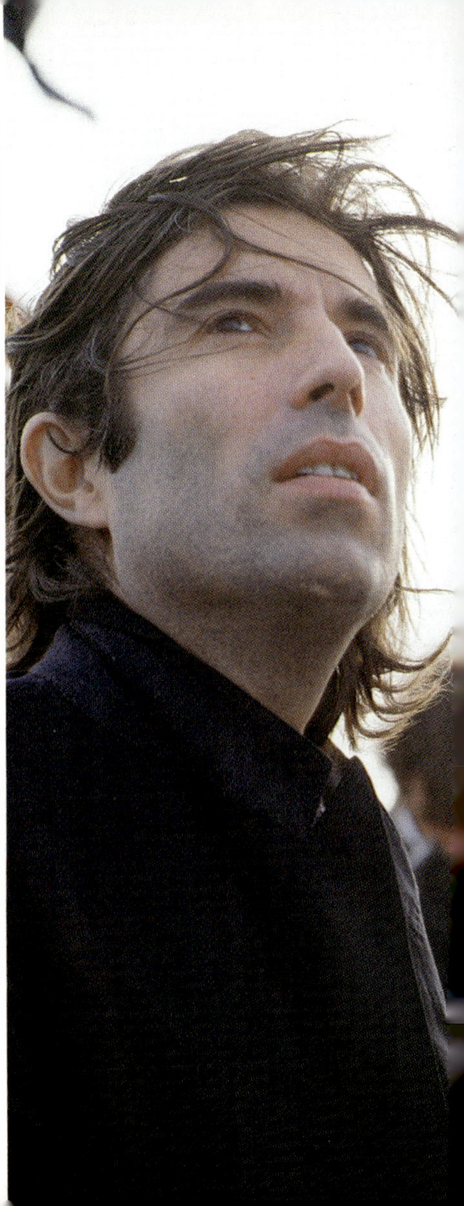

Jacques Doillon :
« Il donne beaucoup
de gloire à ses actrices. »
Ci-dessus : Lou Doillon.

Gainsbourg, comme sur un autre plan Doillon, ont presque toujours voulu mettre en avant la vraie nature de Jane. Dès qu'elle en a manifesté le désir, ils y sont parvenus. « Vient le moment où une vieille adolescence remonte à la surface et il vous est nécessaire d'être ce que vous voulez être. Quitte à être larguée pour ça. J'ai longtemps craint qu'on me quitte parce que je serais devenue une vieille poupée. »

La vraie Jane est un peu inquiète : « Peut-être que plus rien ne marchera jusqu'à la fin de ma vie. Un jour, on vous trouve très bien, un autre jour vous tombez en disgrâce. Quand on a été dans la lumière, il est très difficile de revenir dans l'ombre. Je fais des cauchemars. Je rêve du moment où les gens découvriront une lettre, une chose de moi, qui leur feront comprendre qu'ils se sont trompés, que je ne suis pas bien. Je ne saurais plus quoi faire. Ne pas savoir quoi faire, c'est comme être morte. » La vraie Jane est une sensible, une angoissée. « A Lyon, je jouais *La fausse suivante*. Deux soirs de suite, j'ai eu très peur et très mal. C'était après l'affaire du stade du Heysel où des Anglais ont massacré des Italiens. Je croyais que les spectateurs m'en voudraient pour ce que les Anglais avaient fait. Mon peuple, commettre une chose aussi épouvantable… Quelle horreur ! » La vraie Jane porte sur elle un regard plus que critique : « Ce n'est pas forcément parce qu'on te pose une bonne question que tu réponds le mieux. »

La vraie Jane fait montre d'un pessimisme profond et d'un optimisme mesuré : « Depuis quelques années, j'ai obtenu une sorte de laisser-passer pour jouer n'importe quoi : quelqu'un qui meurt d'un cancer, qui connaît des difficultés avec sa fille aînée, cette fille aînée, aussi, qui connaît des difficultés avec sa mère… Quelqu'un qui commet un crime : n'importe qui peut devenir criminel, il suffit de circonstances. Une personne gaie l'après-midi peut très bien se jeter le soir par la fenêtre. Quelqu'un qui peut être la victime d'un crime… Tout cela est possible : je ne ressemble plus à personne, pas même à celle que j'étais autrefois. J'ai appris aussi autre chose, le jeu de la comédienne, c'est de la fiction. Pas ta vérité qui passe sur la scène ou sur l'écran. Tu joues mieux quand tu fais preuve d'un certain décalage, d'une certaine « fausseté », quand tu n'es pas totalement toi. J'ai joué longtemps sur un registre très pathétique. Ça me correspondait alors… Je ne veux pas, je ne peux pas continuer. Il y a de la complaisance à être toujours malheureux. On doit comprendre que dans le jeu, dans la chanson, il faut une part d'artifice, de mensonge. Mais bien faite. J'avais tort de penser que si le rôle vous ressemble, vous savez le jouer. Je n'ai pas toujours raison de suivre mon instinct que je crois vrai. Là encore, c'est trop complaisant. »

Jane se livre ainsi. Avec franchise. Sans se rendre compte que, même quand elle joue une héroïne fort éloignée de la vraie Jane, elle ne triche pas : elle entre dans le rôle, s'imprègne instinctivement des sentiments, des passions, des refus et des bonheurs du personnage et finit par s'offrir telle que l'héroïne doit être perçue. Jane n'est pas une chanteuse, mais une femme qui chante. Pas une actrice, mais une femme qui, au spectateur, se donne.

A ses débuts, alors qu'elle se proposait pour jouer un petit rôle, on lui avait dit : « On veut une personne qui soit le symbole de l'innocence ; vous pouvez le jouer ? » Vingt ans après, la formule convient toujours. Il y a de l'innocence dans son jeu, dans ses chansons, dans son attitude… Elle est de celles sur lesquelles le temps, les épreuves, les réussites et les échecs ne laissent aucune marque visible. Douce, fraîche, tendre, chaleureuse, elle demeure. Une grande. Et mieux que cela : une femme qu'on aime, qu'on ne peut s'empêcher d'aimer.

Jalons pour un parcours

• 1er décembre 1946 : naissance à Londres de Jane Birkin, prématurée et inattendue. Le père, officier de marine, David Birkin, est un héros de la guerre, pendant laquelle, sur une coque de noix, il faisait traverser la Manche aux Résistants français rejoignant l'Angleterre... Fragile, souvent malade... La mère, Judy Campbell, actrice, a été la comédienne-chanteuse fétiche des Tommies mobilisés. Un frère aîné, un peu plus âgé que Jane, Andrew. Une sœur, Linda, naîtra quatre ans plus tard.

• Enfance heureuse, choyée, protégée. « J'ai été tellement aimée que j'avais peur d'être aimée au-delà de ce que je méritais. »

• A douze ans, comme de coutume en Grande-Bretagne dans son milieu, Jane part en internat. « Pas tout à fait misérable, mais difficile. » Jane se dit « gentille mais terne, appliquée et sans grands résultats. » Elle veut bien faire, n'y parvient pas toujours. Moqueries : on rit de sa maladresse, de sa poitrine qui ne veut pas se développer. Entre garçon et fille, son physique ne paraît pas se déterminer. « J'ai je n'sais quoi d'un garçon manqué », chantera-t-elle.

• Vacances familiales fantastiques. Petits films d'amateurs tournés avec le frère et la sœur. « Je n'ai jamais été aussi bonne. » Jeux fous, passablement risqués, avec Andrew. « Il me considérait comme son lieutenant, son copain. » Le jour où elle s'habille en fille, quelque chose se brise entre le frère et la sœur. « C'est fini », lui dit-il.

• 1963 : au grand dam de son père, Jane décide d'être comédienne. Aidée de sa mère, elle apprend des textes, va auditionner, se trompe de salle, oublie ce qu'elle a appris et est engagée au Haymarket Theater dans une pièce de Graham Greene. Malgré ses distractions et défaillances : elle doit interpréter un rôle de sourde-muette. A cause de son innocence. Et de sa légèreté : dans la pièce, un garçon la porte.

• 1964 : sans savoir ni chanter ni danser, Jane joue dans une comédie musicale. Pour elle, on invente le rôle, malicieux, de l'adolescente très plate qui guette désespérément la poussée de ses seins. Dans la vie quotidienne, elle bourre artificiellement son soutien-gorge pour paraître pourvue d'appâts.

• Rencontre de John Barry, compositeur célèbre de la musique des *James Bond* et du film *The Knack* où elle figure. Un homme entouré de femmes. « Elles sont une bonne vingtaine, toutes plus belles que moi à se disputer ses faveurs. » Elle l'aime. C'est elle qu'il choisit. Et qu'il épouse.

• 1965 : Jane mariée. Le couple bat de l'aile. Jalousie, scènes, larmes...

• 1967 : *Blow up*, film d'Antonioni. Jane y joue un rôle de nymphette. Scandale. Elle s'y montre nue. Succès médiatique, mais l'Angleterre, choquée, blâme Jane.

• Naissance de Kate, fille de John Barry.

• Divorce. Jane prend Kate dans ses bras et retourne chez ses parents. Sentiment d'un échec grave.

• 1968 : Pierre Grimblat la choisit comme héroïne pour *Slogan*. Vedette masculine, Serge Gainsbourg. Rapports difficiles puis tendres. Serge et Jane, « le couple de l'année » selon la presse.

• *La piscine* de Jacques Deray.

• 1969 : *Année érotique*. « Ils s'aiment et la traversée —

Durera toute une année — Et que les Dieux les bénissent — Jusqu'en soixante-dix... » La traversée durera douze ans. *Je t'aime... moi non plus*, duo scandaleux entre Serge et Jane. Foudres du Vatican. Premier album qu'elle partage avec Serge. *Jane B.*, *Orang-outang*...

• 1971 : à côté du diabolique Serge, petite droguée paumée des *Chemins de Katmandou*.

• Avec Serge toujours, *La décadance*, chanson provocatrice.

• *Melody Nelson*. Elle joue le rôle de Melody, figure sur la pochette avec une perruque. « Melody Nelson a les cheveux rouges et c'est leur couleur naturelle. »

• Naissance de Charlotte, fille de Serge.

• 1972 : *Don Juan 73*, film de Vadim avec Bardot. « C'est, dit Jane, une personne tendre, pleine d'humour... Une fille simple, intelligente, sans ambition... Un corps parfait, un charme original. »

• 1973 : Infarctus de Serge. Très médiatisé par Serge, tandis que Jane s'inquiète.

• Album *Di doo dah*. La chanteuse s'affirme.

• 1974 : Film d'Audiard. *Comment réussir dans les affaires quand on est con et pleurnichard*. Jane se juge mauvaise : « Pas assez de gouaille, d'esprit de répartie. Il aurait fallu Arletty, ou Miou-miou. »

• Premier film avec Claude Zidi, *La moutarde me monte au nez*. Suivra *La course à l'échalote*. De ses films comiques, elle dira plus tard : « Tous ne sont pas bons, mais aucun n'est prétentieux. »

• *Sérieux comme le plaisir*, film surréaliste de Robert Benayoun.

• 1975 : des rôles graves. *Sept morts sur ordonnance*, de Jacques Rouffio : « J'ai été très heureuse d'être enfin tuée au cinéma. »

• *Je t'aime... moi non plus*, de Gainsbourg. Nouveau scandale.

• Album *Lolita go home*.

• 1976 : *Le diable au cœur*, film de Jacques Queysanne.

• 1978 : *Ex-fan des sixties*, album.

• 1979 : Mort d'Ava, « Ma copine Ava, ma complice », qu'une hépatite virale emporte.

• 1980 : Séparation douloureuse avec Serge. La presse : « Existe-t-elle sans Gainsbourg ? »

• *La fille prodigue*, premier film avec Jacques Doillon, « un homme émouvant, attachant, discret, qui n'aime pas qu'on parle de lui. » Film bien accueilli. Beaucoup d'éloges sur la composition de Jane.

• 1982 : naissance de Lou, fille de Jacques Doillon.

• 1983 : film avec Rivette, *L'amour par terre*. Jane est enfin admise par *Les Cahiers du cinéma* « comme une grande ».

• Album *Baby alone in Babylone*. Des chansons parmi les meilleures que Serge ait écrites. Disque d'or. Grand Prix de l'Académie Charles-Cros.

• 1984 : *La pirate*, de Jacques Doillon. Le film, à Cannes, est combattu par une cabale. Jane le défend admirablement dans une conférence de presse. Pour la punir, on donne à une autre, « une seconde pointure », dit la presse, le Grand Prix d'Interprétation féminine.

• *Les grosses têtes* sur RTL, « Les marins qui me réconfortaient, qui me donnaient des grogs et me frottaient les bras pendant le tournage de *La pirate*, m'aimaient surtout pour *Les grosses têtes*. »

• *Dust*, de Marion Hänsel. Jane s'enlaidit.

• 1985 : *La fausse suivante*, de Marivaux au Théâtre des Amandiers de Nanterre dans une mise en scène de Patrice Chéreau. Jane : « Il a beaucoup de psychologie. Il sait tirer ce dont il a besoin des faiblesses des gens. Il m'a donné des leçons de vie, m'a fait comprendre qu'il n'était pas nécessaire d'être sympathique à tout le monde, qu'on pouvait dire une chose à un moment et son contraire un peu plus tard. » Accueil enthousiaste de la critique.

- 1986 : *Comédie*, de Jacques Doillon.
- *Soigne ta droite*, de Jean-Luc Godard.
- 1987 : Bataclan, Bourges, tournées. Jane fait naître dans les salles petites ou grandes une profonde intimité avec le public.
- 1987-1988 : *Jane B. par Agnès V.*, d'Agnès Varda. *Kun Fu Manchu*, d'Agnès Varda. « Elle a aussi a connu un miche-moche de vie. Un personnage fantastique. Vie quotidienne bouleversée. Elle veut me faire dire qu'on ne sait jamais si on est le personnage principal ou le figurant de sa propre vie... J'ai eu le pot formidable de tourner avec des visionnaires. »

« Être contente,
savoir recevoir un cadeau,
c'est humble,
c'est gracieux... »

Promenade sentimentale dans l'univers de Jane Birkin

Nous remercions nos confrères *Aco Music,* les Éditions *Bagatelle, Cabum/Magister, Musicales Jacques Wolfsohn, Transatlantiques,* ainsi que *Melody Nelson Publishing* et *Gainsbourg,* qui nous ont autorisés à reproduire les textes de Jane Birkin dont ils conservent l'entier copyright.

JE T'AIME… MOI NON PLUS

— Je t'aime je t'aime
Oh oui je t'aime !
— Moi non plus.
— Oh mon amour…
— Comme la vague irrésolue
Je vais je vais et je viens
Entre tes reins
Je vais et je viens
Entre tes reins
Et je
Me re-
Tiens

— Je t'aime je t'aime
Oh oui je t'aime !
— Moi non plus.
— Oh mon amour…
Tu es la vague, moi l'île nue
Tu vas tu vas et tu viens
Entre mes reins
Tu vas et tu viens
Entre mes reins
Et je
Te re-
Joins

— Je t'aime je t'aime
Oh oui je t'aime !
— Moi non plus.
— Oh mon amour…

— L'amour physique est sans issue
Je vais je vais et je viens
Entre tes reins
Je vais et je viens
Je me retiens
— Non ! main-
Tenant
Viens !

Paroles et musique : Serge Gainsbourg.

ORANG-OUTANG

J'aime ma poupée orang-outang
Orang-outang orang-outang
Je l'adore jamais je ne dors sans
Orang-outang orang-outang

Il m'fait les yeux blancs
Il n'a plus de dents
Mais depuis longtemps
J'aime ce gros dégoûtant

Je connais pourtant
Des garçons charmants
Qui m'aiment vraiment
Et qui roulent en Ford Mustang

Mais moi j'aime mon orang-outang
Orang-outang orang-outang

Paroles et musique : Serge Gainsbourg.

JANE B.

Signalement
Yeux bleus, cheveux châtains
Jane B.
Anglaise de sexe féminin
Âge, entre vingt et vingt et un
Apprend le dessin

Domiciliée chez ses parents
Yeux bleus, cheveux châtains
Jane B.
Teint pâle le nez aquilin
Portée disparue ce matin
À cinq heures moins vingt

Yeux bleus, cheveux châtains
Jane B.
Tu dors au bord du chemin
Le couteau de ton assassin
Au creux de tes reins

Paroles et musique : Serge Gainsbourg.

LE CANARI EST SUR LE BALCON

Avant d'ouvrir le gaz elle pense à son canari
Avant d'en finir une fois pour toutes avec la vie
Elle prend la cage et va sur le balcon
Le vent glacé de l'hiver l'a saisie lui donne des frissons
Elle a ouvert le gaz et s'allonge sur son lit
Sur le pick-up elle a mis son disque favori
Déjà elle n'a plus toute sa raison
Elle voit d'étranges fleurs des fleurs bizarres et des papillons
Tandis que sur Londres lentement descend la nuit
Sur le guéridon auprès de la fille endormie
On peut lire griffonné au crayon
Rien que ces quelques mots : *le canari est sur le balcon.*

Paroles et musique : Serge Gainsbourg.

DI DOO DAH

Mélancolique et désabusée
J'ai je n'sais quoi d'un garçon manqué
Je n'ai jamais joué à la poupée
Je griffe ceux qui essaient de m'embrasser

Les autres filles n'se posent pas d'questions
Elles courent les rues et les dancings et les garçons,
pas si cons

Difficile de m'imaginer
Qu'un de ces quatr' ça va m'arriver
Je suis l'portrait d'mon père tout craché
Il chantait di doo di doo dah
Quand il m'accompagnait au lycée

Les autres filles ont de beaux nichons
Et moi, moi je rest'aussi plate qu'un garçon
Que c'est con

Paroles et musique : Serge Gainsbourg.

HELP CAMIONNEUR

Sur le bord des routes
Je fais signe aux camionneurs
Les gros bras les brutes
Les gorilles ne me font pas peur

Help ! Help ! arrête-toi mon beau poids lourd
Prends-moi, emmène-moi sur ton gros cul
Porte-moi aux nues

Les gosses de riches
Des Porsche et des Maserati
Ne m'inspirent à moi
Que du dégoût que du mépris

Help ! Help ! arrête-toi mon beau quinz'tonnes,
Prends-moi sur ton camion frigorifique
Loin de ce trafic

Les gens m'éclaboussent
En m'effleurant de leurs ailes
Il me semble percevoir
L'bruit d'un moteur Diesel

Help ! Help ! arrête-toi beau camionneur
Mais oui j'entends là-bas comme un klaxon
Est-ce Calberson ?

C'est pas vrai dans l'virage
Un camion paraît enfin
Je suis dans ses phares j'avance
Il fait hurler ses freins

Help ! Help ! Je suis à toi mon beau routier
Prends-moi prends-moi sur ton camion citerne
La vie est si terne

Paroles et musique : Serge Gainsbourg.

LES CAPOTES ANGLAISES

Je souffle dans les capotes anglaises
Ça fait des jolis ballons
J'en ai lancé treize
De mon balcon
Cellophanes de supermarché
Peaux diaphanes qui selon
Le vent de l'été
Volent ou non

Je souffle dans les capotes anglaises
Je fais des ballons-sondes
Mais j'vous mets à l'aise
En deux secondes
Je ne les prends que pour ça
Pour faire des ballons-saucisses
Des aérostats
Rien d'autre non

Je souffle dans les capotes anglaises
Zeppelin Explorer deux
Ça crée un malaise
C'est pas sérieux
Satellites artificiels
Montez vite jusqu'à Orion
Allez dans le ciel
Faire les cons

Paroles et musique : Serge Gainsbourg.

MON AMOUR BAISER

Oh mon amour
Mon amour baiser
Baiser d'amour
Baiser tendre baiser fou
Baiser mouillé
Baiser chaud baiser doux
Baiser brûlant
Baiser long gros bisou
Baiser doigt sucer pouce
Et puis baiser bouche
Baiser doigt sucer pouce
Puis baiser peau douce

Oh mon amour
Mon amour baiser
Baiser d'amour
Baiser tendre baiser fou
Baiser mouillé
Baiser chaud gros bisou
Baiser cou
Baiser gorge baiser sein
Baiser ventre baiser reins
Baiser hanche baiser cuisse
Et puis baiser tout

Paroles et musique : Serge Gainsbourg.

BANANA BOAT

Pas la moindre fille à l'horizon
Ah si j'pouvais m'embarquer
Que de retard d'affection

Bien avant d'arriver à Dakar
Le premier que je prendrai
Sera le marin de quart
Pas longtemps car

J'irai voir le marin dans les soutes
Avec lui ça va lui chauffer
Et pas seulement au mazout

Après quoi j'remont'rai en cabine
Me faire une petite idée
D'comme on traite dans la marine
Une gamine

Après trois ou quatre matelots
Histoire de récupérer
Je f'rai des frais au cuistot
Puis rassasiée j'irai
Près des haubans de misaine
Et là je m'efforcerai
D'sortir d'sa réserve hautaine
Le capitaine

Paroles et musique : Serge Gainsbourg.

LA CIBLE QUI BOUGE

Près du flipper qui passe au vert qui passe au rouge
Je danse seule juste pour le plaisir de danser
Je r'mue des hanches c'est comme une cible qui bouge
Sur l'bas d'mon dos le regard des hommes est braqué

J'aime les coins un peu sordides j'aime les bouges
J'aime les zincs j'aime les bistrots enfumés
Je r'mue des hanches c'est comme une cible qui bouge
Je prends un malin plaisir à les allumer

J'marche au coca tandis qu'les autres marchent au rouge
Au bout d'une plombe ils se mettent tous à tituber
Je r'mue des hanches c'est comme une cible qui bouge
Et c'est pas rare que ça finisse par bagarrer

Près du flipper qui passe au vert qui passe au rouge
Je danse seule juste pour le plaisir de danser
Je r'mue des hanches c'est comme une cible qui bouge
Salut les mecs vendredi soir je reviendrai

Paroles et musique : Serge Gainsbourg.

KAWASAKI

Sur ma mécanique
Orange l'aiguille indique
Deux cents l'allure est fan-
Tastique
Je fonce d'autant
Qu'je fais partie d'un gang
De banlieue sa devise
Est bang

Une belle mécanique
Cette Kawasaki
L'week-end de tout mon cœur
J'la brique
Si un gars du gang
La touche je lui flanque
Vite fait une paire de gi-
Fles bang

Réflexe mécanique
De justesse j'évite
Quelques pylônes é-
Lectriques
Ma machine tangue
Dangereusement manque
De chance un pneu éclate
Et bang

Sous ma mécanique
Je suis prise de panique
Je sens que ça tourne au
Tragique
J'ai là sur la langue
Un goût d'risque et de sang
Et mon cœur qui fait
Bang

Paroles et musique : Serge Gainsbourg.

LEUR PLAISIR SANS MOI

Maman, connais pas
La solitude, je n'connais que trop
Dire qu'il y'en a des comm'moi qui dorment bien au chaud
Hier soir j'ai lu *Sans famille* dans le métro
Je suis d'l'assistan-
Ce et croyez-moi c'est bien attristant

Le monde, connais pas
Mais par ici je connais par cœur
Si j'avais du fric, j'prendrais un billet pour ailleurs
J'ai un vieil atlas quand je l'ouvre je pleure
J'amerais voir Istan-
Bul et Bagdad et l'Afghanistan

L'amour connais pas
L'amour physique oui, sur l'bout des doigts
Avec des garçons qui prennent leur plaisir sans moi
Tristan et Yseult j'ai lu au moins cent fois
Je suis si triste en
Y pensant je cherche mon Tristan

Paroles et musique : Serge Gainsbourg.

LA BAIGNEUSE DE BRIGHTON

Au milieu des vagues
Accroupie les yeux vagues
La Baigneuse de Brighton
A dans son derrière,
Pliées en zig-zag,
Des photos quelques vagues
Souvenirs de Brighton
Et du bord de mer

Royal Pavilion,
The lanes and The Old Steine
Adelaide Crescent and Rottingdean,
Black Rock Railway,
The Palace Pier, Kemptown,
Regency Crescent and Whitehawk Down

Une écriture vague
Au-dessous du tampon
De la poste de Brighton
Me dit que c'est lui
Mais quoi je divague
Non non c'est pas d'la blague
Je lis Salut pauvre conne
Adieu c'est fini

Paroles et musique : Serge Gainsbourg.

C'EST LA VIE QUI VEUT ÇA

J'aimerais te dire que je te suis fidèle
Mais d'abord je trouve que ça ne serait pas bien
Car vois-tu ce n'est pas vrai
Et autant que tu saches
A quoi t'en tenir avec moi
Non jamais je ne t'ai rien promis de tel
Au tout début tu trouvais ça très bien
Maintenant que tu l'as oublié
Tu trouves que c'est vache
Mais moi je ne vois pas en quoi

J'y peux rien c'est la vie qui veut ça
C'est la vie ça n'est pas moi
Moi je voudrais bien être autrement
Mais je ne vois pas comment

Souviens-toi la première fois à l'hôtel
Tu m'as dit que j'étais une petite putain
Alors tu aurais préféré
Que je te le cache ?

Mais moi je ne vois pas pourquoi
Si tu veux m'garder
Il faut me prendre telle quelle
Et t'faire à l'idée que j'ai des copains
Moi je te dis la vérité
Et tout de suite tu te fâches…
Il n'y a vraiment pas de quoi

Paroles et musique : Serge Gainsbourg.

LA FILLE AUX CLAQUETTES

Lorsque j'ai l'cafard dans la tête
Que je visionne tout en noir
Je me mets à jouer des claquettes
En longeant le bord des trottoirs.

Tout's les emmerdes de la vie
Disparaissent par enchantement
Flic ! Flac ! Floc ! Même sous la pluie
Dans ma p'tit'tête, il fait beau temps.

Ce matin comme j'esquissais
Un nouveau pas très épatant
Voilà t'y pas que j'ai glissé
Dans la merde. C'est dégoûtant.

Ce qui me gêne c'est l'odeur
Mais il paraît qu'ça port'bonheur.

Paroles et musique : Serge Gainsbourg.

PUISQUE JE TE LE DIS

Puisque je te le dis
Mais oui je t'aime
Puisque je te dis qu'non
T'es drôle quand même
Ça fait au moins deux heures
Qu'on est là-dessus
Ça commence à bien faire
Moi j'en peux plus

Puisque je te le dis
Je te le jure
Puisque je te dis qu'non
Mais si j't'assure
Pas plus tard que tout à l'heure
Je s'rai à toi
C'est c'que tu cherches à me faire dire
Hein c'est bien ça

Puisque je te le dis
Bien sûr c'est vrai
Puisque je te dis qu'non
Qu'est-ce que j'aurais
D'plus à t'mentir d'ailleurs
T'auras qu'à voir
Quand on s'ra seuls tous les deux
Si c'est des bobards

Puisque je te le dis
Tu as ma parole
Puisque je te dis qu'non
C'n'est pas l'alcool
Viens viens allons ailleurs
Où ? n'importe où
Chez toi chez moi peu importe
Je n'tiens plus debout

Puisque je te le dis
Mais oui je veux
Puisque je te dis qu'non
J'veux c'que tu veux
Je t'aime mais oui
Mais oui je t'aime
Puisque tu me le dis

Paroles et musique : Serge Gainsbourg.

EX-FAN DES SIXTIES

Ex-fan des sixties
Petite Baby Doll
Comme tu dansais bien le rock n'roll
Ex-fan des sixties
Où sont tes années folles
Que sont devenues toutes tes idoles

Où est l'ombre des Shadows
Des Birds des Doors
Des Animals des Moo-
Dy Blues
Séparés Mac Cartney
George Harrison
Et Ringo Starr et John
Lennon

Disparus Brian Jones
Jim Morrison
Eddy Cochrane Buddy
Holly
Idem Jimmy Hendrix
Otis Reading
Janis Joplin T-Rex
Elvis

Paroles et musique : Serge Gainsbourg.

APOCALYPSTICK

Je laisse des traces de mon passage
Sur tout ce que j'effleur' avec mon maquillage
Apocalypstick
Apocalypstick
Sur toutes les anatomies
Ma bouche se dessine en décalcomanie
Apocalypstick
Apocalypstick

Tout ce que j'aime et que je touche
Du bout des lèvres gard' l'empreinte de ma bouche
Apocalypstick
Apocalypstick
Rouge de vamp ou de vampire
C'est avec ce crayon que s'inscrit mon délire
Apocalypstick
Apocalypstick

Paroles et musique : Serge Gainsbourg.

EXERCICE EN FORME DE Z

Zazie
À sa visite au zoo
Zazie suçant son Zan
S'amusait d'un vers luisant
D'Isidore Isou
Quand zut ! Un vent blizzard
Fusant de son falzar
Voici zigzaguant dans les airs
Zazie et son Blazer

L'oiseau
Des îles est pris au zoom
Par un papparazzi
Zigouilleur visionnaire
De scherzi de Mozart
Drôle de zigoto
Zieuteur du genre blasé
Mateur de photos osées

Zazie
Sur les vents alizés
S'éclate dans l'azur
Aussi légère que bulle d'Alka Selzer
Elle visionne le zoo
Survolant chimpanzés
Gazelles lézards zébus buses et grizzlis d'Asie

L'oiseau
Des îles est pris au zoom
Par l'autre zèbre, bonne zigue
Zazie le fusillant d'un bisou
Lui fait voir son bazar
Son zip et son Zippo
Fendu de A jusqu'à Zo

Paroles et musique : Serge Gainsbourg.

L'AQUOIBONISTE

C'est un aquoiboniste
Un faiseur de plaisantristes
Qui dit toujours à quoi bon
À quoi bon

Un aquoiboniste
Un modeste guitariste
Qui n'est jamais dans le ton
À quoi bon

Un aquoiboniste
Un peu trop idéaliste
Qui répèt' sur tous les tons
À quoi bon

Un aquoiboniste
Un drôle de je m'enfoutiste
Qui dit à tort à raison
À quoi bon

Un aquoiboniste
Qui s'fout de tout et persiste
À dir' j'veux bien mais au fond
À quoi bon

Un aquoiboniste
Qu'a pas besoin d'oculiste
Pour voir la merde du mon-
De à quoi bon

Un aquoiboniste
Qui me dit le regard triste
Toi je t'aime, les autres ce sont
Tous des cons

Paroles et musique : Serge Gainsbourg.

MÉLODIE INTERDITE

Il est interdit de passer
Par cette mélodie
Il est interdit de passer
Par cet air-là.
Cette mélodie est privée
Strictement interdit danger
Il est interdit de passer
Par cette mélodie
Il est interdit de passer
Par cet air-là
Cette mélodie est à lui
Et son passage est interdit
Il est interdit de passer
Par cette mélodie
Il est interdit de passer
Par cet air-là
De l'emprunter c'est défendu
C'est un passage sans issue
Il est interdit de passer
Par cette mélodie
Il est interdit de passer
Par cet air-là
C'que cette mélodie me rappelle
C'est strictement confidentiel

Paroles et musique : Serge Gainsbourg.

VIE, MORT ET RÉSURRECTION D'UN AMOUR-PASSION

Nous nous sommes dit tu
Nous nous sommes dit tout
Nous nous sommes dit vous
Puis nous nous sommes tus

Nous nous sommes foutu
Sur la gueule tant de fois
Et moi dans mon émoi
Je nous voyais foutus

Toi tu as abattu
Tes as et tes atouts
Moi j'étais prête à tout
Par avance battue

Et je te disais tue, moi
Tue-moi si tu es un homme
Tu n'es qu'une pauvre pomme
Car tu n'as jamais pu

Paroles et musique : Serge Gainsbourg.

NICOTINE

Il est parti chercher des cigarettes
En fait
Il est parti
Il est parti chercher des cigarettes
D'puis sept
Heures et demie
Mais comment ai-je pu être aussi bête
Il m'jette
C'est bien fini

Il est parti chercher des cigarettes
En fait
Il est parti
À moins peut-être qu'une camionnette
Tout net
Me l'ait occis
C'qui tendrait à prouver qu'les cigarettes
Vous mettent
À l'agonie

Il est parti chercher des cigarettes
En fait
Il est parti
Il est parti chercher des cigarettes
D'puis sept
Heures et demie
Pour moi désormais finie la fumette
Plus d'cette
Saloperie

Paroles et musique : Serge Gainsbourg.

ROCKING-CHAIR

Amour pervers
Me susurre Henry Miller
Dans son Tropique du Cancer
Du Cancer
Baudelaire
Me donne ce soir la chair
De poulette littéraire
Dans mon rocking-chair

Apollinaire
En a aussi des sévères
Et des pas mûres dans ses vers
Dans ses vers
Onze Mille Ver-
Ges me sens à bout de nerfs
Agitée comme un shaker
Dans mon rocking-chair

Est-ce en Mystère
Vingt ou en hélicoptère
Que viendra Humbert Humbert
Humbert Humbert
Je m'f'rai légère
Comme du polyester
Basculée les jambes en l'air
Dans mon rocking-chair

Paroles et musique : Serge Gainsbourg.

CLASSÉE X

Classée X
Excès d'sexe
Classée X
À l'index
Classée X
C'est l'intox
Classée X
Parce qu'ex-
Cessive
Lascive
Je fais l'amour
Avec X
Ou Y
Aucun X
Ne me vexe
Classée X
On m'annexe
Classée X
Parce qu'ex-
Cessive
Lascive
Si j'aime c'est qu'c'est
Sexy

Classée X
Excès d'sexe
Classée X
À l'index
Classée X
C'est l'intox

Classée X
Parce qu'ex-
Cessive
Lascive
Sur pellicule
On me fixe
En plein axe
En Tri-X
Au Pentax
Classée X
Très relax
Classée X
Parce qu'ex-
Cessive
Lascive
Si j'aime c'est qu'c'est
Sexy

Paroles et musique : Serge Gainsbourg.

RACCROCHEZ C'EST UNE HORREUR

Allo Allo allo
C'est Johny ? c'est Lulu ?
Allo Allo allo
— Salut poulette
— C'est qui ?
— T'inquiète
Tu m'connais pas comme j'te connais
Dis donc on pourrait faire dodo ensemble
Qu'est-ce que t'en dis ?
— Raccrochez c'est une horreur

Allo Allo allo
— Oui oui j'suis toujours là
— T'as de la suite dans les idées hein
— Eh poupée, tu couches à poil
Ou en pyjama réponds
— Raccrochez c'est une horreur

Allo Allo allo
T'es un pauvre malade hein
Faut aller te faire soigner
— T'occupe
Tu sais c'que j'ai envie d'te faire
Devine, des bisous tout partout
— Raccrochez c'est une horreur

Allo Allo allo
Eh dis donc le maniaque sexuel
Tu pourrais pas m'oublier un peu
— Petite devine un peu
C'que j'suis en train d'me faire en ce moment
— Raccrochez c'est une horreur

Paroles et musique : Serge Gainsbourg.

BALADE DE JOHNY JANE

Hey Johny Jane
Te souviens-tu du film de Gainsbourg Je t'aime
Je t'aime moi non plus un joli thème
Hey Johny Jane
Toi qui traînes tes baskets et tes yeux candides
Dans les no man's land et les lieux sordides
Hey Johny Jane
Les décharges publiques sont des atlantides
Que survolent les mouches cantharides
Hey Johny Jane
Tous les camions à benne
Viennent y déverser bien des peines infanticides

Hey Johny Jane
Tu balades tes cheveux courts ton teint livide
À la recherche de ton amour suicide
Hey Johny Jane
Du souvenir veux-tu trancher la carotide
À coups de pied dans les conserves vides
Oh Johny Jane
Un autre camion à benne
Te transportera de bonheur en bonheur sous les cieux limpides

Hey Johny Jane
Ne fais pas l'enfant ne sois pas si stupide
Regarde les choses en face sois lucide
Hey Johny Jane
Efface tout ça, recommence, liquide
De ta mémoire ces brefs instants torrides

Hey Johny Jane
Un autre camion à benne
Viendra te prendre pour t'emmener vers d'autres Florides

Hey Johny Jane
Toi qui traînes tes baskets et tes yeux candides
Dans les no man's land et les lieux sordides
Hey Johny Jane
Écrase d'un poing rageur ton œil humide
Le temps ronge l'amour comme l'acide

Paroles et musique : Serge Gainsbourg.

PHYSIQUE ET SANS ISSUE

Je sais qu'l'amour physique est sans issue
j'le sais, mais si j'l'avais su
À temps je ne serais pas hélas
Au point où tu m'as connue

Je t'aime
Et toi-même
Dis-moi que tu m'aimes
Dis-le-moi si même
Cela n'est pas

Vrai des beaux gosses oui j'en ai connus
Qui m'traitaient de fille perdue
Quelque part je trouvais ça dégueulasse
Et toi qu'en penses-tu

Je t'aime
Et toi-même
Dis-moi que tu m'aimes
Dis-le-moi si même
Cela n'est pas

Vrai l'amour physique est sans issue
Tu le sais oui… Toi non plus
À dire vrai il y en a pas des masses
De belles histoires de cul

Je t'aime
Et toi-même
Dis-moi que tu m'aimes
Dis-le-moi si même
Cela n'est pas

Vrai je sais qu'l'amour physique est sans issue
J'le sais, mais si j'l'avais su
À temps je ne serais pas hélas
Au point où tu m'as connue

Je t'aime
Et toi-même
Dis-moi que tu m'aimes
Dis-le-moi si même
Cela n'est pas

Paroles et musique : Serge Gainsbourg.

DÉPRESSIVE

Dans tes bras je crève
D'ennui et je rêve
D'autre chose d'évasion
Je n'sais ce qui cloche
Tout me semble moche
L'pire c'est que c'est sans raison
En quoi est-ce un crime
D'faire de la déprime
Et de broyer du charbon ?

Ça me rend malade
J'en prends pour mon grade
Plein la gueule pour pas un rond
Je sens que je craque
P't'être qu'une paire de claques
Me redonn'rait ma raison

En quoi est-ce un crime
D'faire de la déprime
Et de broyer du charbon ?
Et toi tu me dis que
Je suis comme un disque
Qui ne tournerait pas rond

Paroles et musique : Serge Gainsbourg.

LE MOI ET LE JE

Si j'hésite si souvent entre le moi et le je
Si je balance entre l'émoi et le jeu
C'est que mon propre équilibre mental en est l'enjeu
J'ignore tout des règles de ce

Jeu cruel et tendre à la fois entre le moi et le je
On se perd de vue tout est remis en jeu
Dans la froideur de la nuit je me demande où suis-je
Tu me prends je me laisse prendre au

Jeu de l'amour du hasard éprise de vertiges
Ayant conscience que c'est un jeu dange-
Reux tu abuses du je alors je cache mon jeu
Sans pour autant gagner sur toi moi

Si j'hésite si souvent entre le moi et le je
Si je balance entre l'émoi et le jeu
C'est que mon propre équilibre mental en est l'enjeu
J'ignore tout des règles de ce jeu

Jeu de l'amour du hasard éprise de vertiges
Ayant conscience que c'est un jeu dange-
Reux tu abuses du jeu alors je cache mon jeu
Sans pour autant gagner sur toi moi je

Paroles et musique : Serge Gainsbourg.

FUIR LE BONHEUR DE PEUR QU'IL NE SE SAUVE

Fuir le bonheur de peur qu'il ne se sauve
Que le ciel azuré ne vire au mauve
Penser ou passer à autre chose
Vaudrait mieux
Fuir le bonheur de peur qu'il ne se sauve
Se dire qu'il y a over the rainbow
Toujours plus haut le ciel above
Radieux
Croire aux cieux croire aux dieux
Même quand tout nous semble odieux
Que notre cœur est mis à sang et à feu

Fuir le bonheur de peur qu'il ne se sauve
Comme une petite souris dans un coin d'alcôve
Apercevoir le bout de sa queue rose
Ses yeux fiévreux
Fuir le bonheur de peur qu'il ne se sauve
Se dire qu'il y a over the rainbow
Toujours plus haut le soleil above
Radieux
Croire aux cieux croire aux dieux
Même quand tout nous semble odieux
Que notre cœur est mis à sang et à feu

Fuir le bonheur de peur qu'il ne se sauve
Avoir parfois envie de crier sauve
Qui peut savoir jusqu'au fond des choses
Est malheureux
Fuir le bonheur de peur qu'il ne se sauve

Se dire qu'il y a over the rainbow
Toujours plus haut le soleil above
Radieux
Croire aux cieux croire aux dieux
Même quand tout nous semble odieux
Que notre cœur est mis à sang et à feu

Fuir le bonheur de peur qu'il ne se sauve
Dis-moi que tu m'aimes encore si tu l'oses
J'aimerai que tu trouves autre chose
De mieux
Fuir le bonheur de peur qu'il ne se sauve
Se dire qu'il y a over the rainbow
Toujours plus haut le soleil above
Radieux

Paroles et musiques : Serge Gainsbourg.

BABY LOU

Sur les abords du périphérique
J't'ai aperçue par ma vitre
On aurait dit comme le générique
D'un film ricain sans sous-titres
Tu ne m'as même pas demandé où j'allais
On aurait dit que tu t'en foutais

Moi je filais droit sur l'Atlantique
Voir les bateaux qui chavirent
Je voulais me noyer dans le romantique
L'idée semblait te séduire
Tu m'dis « je n'ai jamais vu l'océan
Qui sait là-bas c'est peut-être plus marrant »

J'ai compris ta philosophie Baby Lou
Et ta façon de voir la vie Baby Lou
Et pourquoi pas si c'est ce qui te va
Tu n'es pas concernée
Plutôt du genre consternée
Et pourquoi pas si c'est ce qui te va

J'te regarde dans le rétro de la Buick
Sous les nuages qui se déchirent
Compter les poteaux télégraphiques
Tu ne trouves rien d'autre à me dire
Tu as vraiment l'air de te foutre de tout
De prendre tous les autres pour des fous

Et pourquoi pas si c'est ce qui te va

Paroles : Serge Gainsbourg. Musique : Alain Chamfort/Michel Pelay.

PARTIE PERDUE

Quand la petite lampe rouge de l'amour s'allume
C'est que la partie est perdue
Lorsqu'elle clignote qu'elle se consume
C'est que, c'est vraiment foutu
Tu es parti
Partie perdue

Souviens-toi l'autre soir sur la dune
Nous étions tous deux tout nus
Toi tu as plongé dans la lagune
Je ne t'ai plus jamais revu
Tu es parti
Partie perdue

Nos amours brisées ont fait la une
Je les ai lues et relues
Les pleurs sont des vagues sans écume
Qui ne font que troubler la vue
Tu es parti
Partie perdue

Paroles et musique : Serge Gainsbourg.

NORMA JEAN BAKER

Norma Jean Baker
One two three O five
Norma Jean Baker
Fifth Helena drive
Qui sait maintenant où elle est
Peut-être plus à L.A.

Norma Jean Baker
Nue en diagonale
Norma Jean Baker
Cinquante nembutals
D'après le rapport de l'attorney
Chef du district d'L.A.

Norma Jean Baker
Quelque chose est anor-
Mal Jean Baker
Téléphone à main droite
Norma Jean Baker
Il est possible qu'elle ait
Voulu appeler L.A.

Norma Jean Baker
Cinq août soixante-deux
Norma Jean Baker
Trois heures quarante-deux
Norma Jean Baker
On l'emmène sans délai
À la morgue d'L.A.

Norma Jean Baker
Plus belle que la Divine
Norma Jean Baker
Monroe Marilyn
Norma Jean Baker
Qui sait maintenant où elle est
Peut-être plus à L.A.

Paroles et musiques : Serge Gainsbourg.

HAINE POUR AIME

Amour hélas ne prend qu'un M
Faute de frappe c'est haine pour aime
H.A.I.N.
Sur I.B.M.
A.I.M.E.
Moi si tu veux

La même encre coulait dans nos veines
Était-ce Chine ou terre de Sienne
Noire indigène
Aborigène
Encre de feu
Violette ou bleue

Tu m'as balancée aux murènes
Jetée de la roche Tarpéienne
Comme une sirène
De polystyrène
Pour toi moi je
N'étais qu'un jeu

Je ne suis qu'une petite plébéienne
Toi au-dessus de la moyenne
La Criminelle
Ou la Mondaine
Je ne suis rien de
Plus à tes yeux

Paroles et musique : Serge Gainsbourg.

OVERSEAS TELEGRAM
ou
Télégramme à Jane

J'aimerais que ce télégramme
Soit le plus beau télégramme
De tous les télégrammes
Que tu recevras jamais
Et qu'ouvrant ce télégramme
Et lisant mon télégramme
A la fin du télégramme
Tu te mettes à pleurer
En disant : oh, le joli télégramme.

Paroles et musique : Serge Gainsbourg.

CON C'EST CON CES CONSÉQUENCES

Con c'est con ces conséquences
C'est con qu'on se quitte
Faut se rendre à l'évidence
Ce soir on est quitte
Histoire d'Que de Qu'on de Q
Par avance c'est fou-

Tu c'est con ces conséquences
Hélas on sait vite
Qu'on est plus de connivence
On ment on s'évite
Histoire d'Que de Qu'on de Q
Par avance c'est fou-

Tu c'est con ces conséquences
L'amour prend la fuite
Pas besoin d'intelligence
Service pour la suite
Histoire d'Que de Qu'on de Q
Par avance c'est fou-

Tu c'est con ces conséquences
C'est con qu'on se quitte
Les anges de toute évidence
Sont hermaphrodites
Histoire d'Que de Qu'on de Q
Par avance c'est fou-

Tu c'est con ces conséquences
Sur accord tacite
Signons notre indépendance
Accord illicite
Histoire d'Que de Qu'on de Q
Par avance c'est fou-

Tu c'es con ces conséquences
C'est con qu'on se quitte
J'entends hurler le silence
Mon cœur qui palpite

Paroles et musique : Serge Gainsbourg.

EN RIRE DE PEUR D'ÊTRE OBLIGÉE D'EN PLEURER

Les flash-back sur nos bonheurs passés
Mieux vaut en rire de peur d'être obligée
D'en pleurer

Plans séquences que l'on trouve over-played
Ralentis qu'on aimerait voir en a-
Ccéléré

Que de scènes n'avons-nous pas jouées
Mieux vaut en rire de peur d'être obligée
D'en pleurer

Une vibration au bout d'un doigté
Deux guitares qui ne se sont jamais
Accordées

Les flash-back sur nos bonheurs passés
Mieux vaut en rire de peur d'être obligée
D'en pleurer

Une rupture comme celle d'un collier
De culture qui brille moins que le faux
C'est le vrai

Blanc et noir et l'on reste muet
Les revoir il y a vraiment de quoi
En crever

Paroles et musique : Serge Gainsbourg.

L'AMOUR DE MOI

L'amour de moi
S'y est enclose
Dedans un joli jardinet
Où croît la rose et le muguet
Et aussi fait la passerose

À la vie elle avait dit « pause »
C'est ainsi qu'elle s'en est allée
Je l'ai retrouvée au détour d'une allée
Où à jamais elle repose

Trois sentiments en moi s'opposent
Le chagrin en est le tout premier
En second viennent le remord et les regrets
Enfin l'amour dont elle dispose

J'aimerais lui dire tant de choses
Allongée près d'elle à ses côtés
Alors mes larmes seront perles de rosée
Pour arroser son laurier-rose

Paroles : Serge Gainsbourg.
Arrangement/traduction : Serge Gainsbourg.

RUPTURE AU MIROIR

Sur le miroir au rouge à lèvres
Elle m'a laissé un mot d'adieu
« Pardonne-moi petite Jane
Je m'en vais je veux refaire ma vie »
La glace embuée de fièvre
Reflétait mon air malheureux
J'ai pensé m'ouvrir les veines
Puis j'ai réfléchi

Sa taille était d'un orfèvre
Comme un petit bijou précieux
C'était le plus beau spécimen
De gamine que j'ai vu de ma vie
Aussi fragile qu'un Sèvres
Tout l'azur était dans ses yeux
Une peau de porcelaine
Venue d'Asie

Nous étions comme Adam et Ève
Lorsqu'ils étaient encore aux cieux
Toutes nues dans notre Éden
Elle et moi un vrai Paradis
Hélas pour moi si j'en crève
Elle ne supportait plus d'être à deux
Elle était comme les phalènes
S'envolait la nuit

Sur le miroir au rouge à lèvres
Elle m'a laissé un mot d'adieu
« Pardonne-moi petite Jane
Je m'en vais je veux refaire ma vie »
Une affaire d'amour s'achève
Et voici que tout vivre au bleu
J'entrevois par les persiennes
Se lever la nuit

Paroles et musique : Serge Gainsbourg.

LES DESSOUS CHICS

Les dessous chics
C'est ne rien dévoiler du tout
Se dire que lorsqu'on est à bout
C'est tabou
Les dessous chics
C'est une jarretelle qui claque
Dans la tête comme une paire de claques

Les dessous chics
Ce sont des contrats résiliés
Qui comme des bas résillés
Ont filé

Les dessous chics
C'est la pudeur des sentiments
Maquillés outrageusement
Rouge sang
Les dessous chics
C'est se garder au fond de soi
Fragile comme un bas de soie

Les dessous chics
C'est des dentelles et des rubans
D'amertume sur un paravent
Désolant

Les dessous chics
C'est des dentelles et des rubans
D'amertume sur un paravent
Désolant

Les dessous chics
Ce serait comme un talon aiguille
Qui transpercerait le cœur des filles

Paroles et musique : Serge Gainsbourg.

BABY ALONE IN BABYLONE

Babe alone in Babylone
Noyée sous les flots
De Pontiacs
De Cadillacs
De Bentleys à L.A.
De Rolls Royces et de Buicks
Dans la nuit métallique

Babe alone in Babylone
Noyée sous les flots
De musiques
Électriques
De rock'n' roll tu cherches un rôle
Tu recherches les studios
Et les traces de Monroe

Les strass et le stress
Dieux et déesses
De Los Angeles

Babe alone in Babylone
Noyée sous les flots
De lumières
De poussières
D'étoiles éphémères
Tu rêves d'éternité
Hélas tu vas la trouver

Babe alone in Babylone
Noyée sous les flots
De tes larmes
Et le charme
De l'avenue du crépuscule
C'est le Sunset Boulevard
Qui serpente dans le noir

Babe alone in Babylone
Noyée sous les flots
Des sunlights
De Malibu
Petite star inconnue
Tu n'as vu que l'étoile
De la police fédérale

Paroles : Serge Gainsbourg.
Musique : arrangement Serge Gainsbourg
d'après le 32e mouvement
de la 32e symphonie de Brahms.

QUOI

Quoi
D'notre amour feu n'resterait que des cendres
Moi
J'aimerais qu'la terre s'arrête pour descendre
Toi
Tu m'dis qu'tu vaux pas la corde pour te pendre
C'est à laisser ou à prendre

Joie
Et douleur c'est ce que l'amour engendre
Sois
Au moins conscient que mon cœur peut se fendre
Soit
Dit en passant j'ai beaucoup à apprendre
Si j'ai bien su te comprendre

Amour cruel
Comme en duel
Dos à dos et sans merci
Tu as le choix des armes
Ou celui des larmes
Penses-y penses-y
Et conçois que c'est à la mort à la vie

Quoi
D'notre amour feu n'resterait que des cendres
Moi
J'aimerais qu'la terre s'arrête pour descendre
Toi
Tu préfères mourir que de te rendre
Va donc savoir va comprendre

Paroles : Cesare de Natale/Serge Gainsbourg.
Musique : Guido et Maurizio de Angelis.

LOST SONG

Lost song
Dans la jungle
De nos amours éperdues
Notre émotion s'est perdue
Lost song
À la longue
Les mots semblent superflus
Entre le flux le reflux
Mensonges par omission
On se tait on s'est tu
On sait ce qu'il s'est su
On s'adore et puis l'on
Se déchire s'entretue
Dans mon sens entres-tu

Lost song dans la jungle
De nos amours éperdues
Notre émotion s'est perdue
Lost song
Toi tu jongles
Avec des mots inconnus
De moi, je n'ai pas assez lu
Dans tes yeux tes menson-
Ges, d'autres filles en vue
Je le savais je me suis tue
Les bagarres, arrêtons
Je suis on ne peut plus
Fragile le sais-tu

Lost song
Dans la jungle
De nos amours éperdues
Notre émotion s'est perdue
Lost song
Au majong
De l'amour je n'ai pas su
Sur toi avoir le dessus
Des erreurs, mettons
Je reconnais je me suis vue
À l'avance battue
C'est l'horreur mais ton
Arrogance me tue
Tu me dis vous après tu

Paroles : Serge Gainsbourg.
D'après Peer Gynt de Grieg. suite 2 op. 55
Arrangements : Serge Gainsbourg.

LE COUTEAU DANS LE PLAY

N'remue pas s'il te plaît
Le couteau dans le play
Plus de flash-back
Ni de come-back
Les larmes c'est en play-back complet

Je sais c'est moi qui ai
Tout fait ou j'étouffais
Et si j'en claque
Je m'en fous j'suis d'ac-
Cord pour ma gueule c'est bien fait

N'remue pas s'il te plaît
Le couteau dans le play
Ton humour black
J'en ai ma claque
Profondément tout ça m'déplaît

Arrête s'il te plaît
De jouer overplay
Ton blues en black
C'est de l'arnaque
Reconnais-le si tu es fair-play

N'remue pas s'il te plaît
Le couteau dans le play
Tu mets en vrac
Tout dans l'même sac
Les faux sentiments et les vrais

Tu n'sais pas si je sais
Qu'tu m'as prise à l'essai
L'amour au back-
Gammon au black-
Jack tu as gagné perdu vite fait

N'remue pas s'il te plaît
Le couteau dans le play
Plus de flash-back
Ni de come-back
Les larmes c'est en play-back complet

Je sais c'est moi qui ai
Tout fait oui j'étouffais
Et si j'en claque
Je m'en fous j'suis d'ac-
Cord pour ma gueule c'est bien fait

Tant pis si
C'est fini
Ou tant mieux
Si tu veux

Paroles et musique : Serge Gainsbourg.

Parfois drolatique, souvent dramatique le parcours cohérent de Jane B., unique et multiple.

Apparemment, le personnage de Jane Birkin évolue progressivement d'un disque à l'autre, partant de la Lolita, provocante mais fraîche et naïve, pour arriver à la femme douloureuse, nostalgique et compréhensive d'aujourd'hui. En fait, les différences sont beaucoup moins nettes qu'il ne semble. La drôle de petite Anglaise du début savait mêler la souffrance, l'amertume et la mélancolie et sa gaieté presque enfantine. La Jane B. actuelle glisse toujours une pointe d'ironie et d'humour dans son spleen. Jane est multiple et elle est unique.

DISCOGRAPHIE

1969. JANE BIRKIN - SERGE GAINSBOURG. Je t'aime… moi non plus - Orang-outang - 18-39 — Jane B. — Le canari est sur le balcon. (Plus six chansons par S. Gainsbourg, seul).
(Philips 885 563).

1971. L'HISTOIRE DE MELODY NELSON. Melody — Balade de Melody Nelson — Valse de Melody — Ah ! Melody - L'hôtel particulier — En Melody — Cargo culte.
(Philipes 6397 020).

1973. DI DOO DAH. Di doo dah — Help camionneur — Encore lui — Puisque je te le dis — Les capotes anglaises — Leur plaisir sans moi — Mon amour baiser — Banana boat — Kawasaki — La cible qui bouge — La baigneuse de Brighton — C'est la vie qui veut ça.
(Philips 6325 305).

1975. LOLITA GO HOME. Lolita go home — What is thing called love ? Bébé song — Where or when — Si ça peut te consoler — Love for sale — Just me and you — La fille aux claquettes — Rien pour rien — French graffiti — There's a small hotel. *(Philips 6010 114).*

1978. EX-FAN DES SIXITES. Ex-fan des sixties — Apocalypstick — Exercice en forme de Z — Mélodie interdite — L'aquoiboniste — Vie, mort et résurrection d'un amour-passion — Nicotine — Rocking chair — Dépressive — le velours des vierges — Classée X - Méli-mélo. *(Philips 6325 353).*

1979. JE T'AIME… MOI NON PLUS. Je t'aime… moi non plus — Mon amour baiser — Leur plaisir sans moi — Orang-outang — C'est la vie qui veut ça — Encore lui — 69 année érotique — Di doo dah — Jane B — Le canari sur le balcon — Love for sale — La décadanse - Ex-fan des sixties — Raccrochez c'est une horreur — Yesterday yes a day — Bébé song — La fille aux claquettes — Si ça peut te consoler — Balade de Johny-Jane — Lolita go home — Exercice en forme de Z — What is this thing called love ? — L'aquoiboniste — Vie, mort et résurrection d'un amour-passion.
(Double album compilation Philips 9198 050/051).

1983. BABY ALONE IN BABY-LONE. Baby Lou — Fuir le bonheur de peur qu'il ne se sauve —

Partie perdue — Norma Jean Baker — Haine pour aime — Overseas telegram — Con c'est con ces conséquences — En rire de peur d'être obligée d'en pleurer — Rupture au miroir — Les dessous chics — Baby alone in Babylone.
(Phonogram 814 524-1).

1985. QUOI. Je t'aime... Moi non plus — Di doo dah — Jane B. — 69 année érotique — Yesterday yes a day — Balade de Johny Jane — Ex-fan des sixties — Baby alone in Babylone — Les dessous chics — Rocking chair — Fuir le bonheur de peur qu'il ne se sauve — Quoi.
(Compilation Phonogram 826 759-1).

1987. JANE BIRKIN AU BATACLAN. Jane B. — Di doo Dah — Norma Jane Baker — Love for sale — Balade de Johny-Jane — Ex-fan des sixties — Les dessous chics — Physique et sans issue — Baby alone in Babylone — Avec le temps — Le moi et le je — Nicotine — L'amour de moi — Quoi — Yesterday yes a day — Lost song — Baby Lou — Rocking chair — Fuir le bonheur de peur qu'il ne se sauve — Le couteau dans le play.
(Philips, double album, 834 037).

FILMOGRAPHIE

1965 : The Knack, *Richard Lester.*

1966 : Blow Up, *Michelangelo Antonioni.*
Le gentleman de Londres, *Jack Smight.*

1968 : Wonderwall, *Joe Massot.*
Slogan, *Pierre Grimblat.*
La piscine, *Jacques Deray.*

1969 : Les chemins de Katmandou, *André Cayatte.*

1970 : Trop petit mon ami, *Eddy Malaton.*
Alba (Delitto a Oxford), *Ugo Liberatore.*
Sex Power, *Henri Chapier.*
Cannabis, *Pierre Koralnik.*
Le voleur de chevaux, *Abraham Polonski.*

1971 : Le traître ? *Milutin Kosovac.*

1972 : Trop jolies pour être honnêtes, *Richard Balducci.*
Les diablesses, *Anthony M. Dawson.*

1973 : Le manoir des phantasmes, *Don Sharp.*
Don Juan 73, *Roger Vadim.*
Projection privée, *François Leterrier.*
Le mouton enragé, *Michel Deville.*

1974 : Comment réussir quand on est con et pleurnichard, *Michel Audiard.*
La moutarde me monte au nez, *Claude Zidi.*
Sérieux comme le plaisir, *Robert Benayoun.*

1975 : Catherine et Cie, *Michel Boisrond.*
La course à l'échalote, *Claude Zidi.*
Sept morts sur ordonnance, *Jacques Rouffio.*
Je t'aime... moi non plus, *Serge Gainsbourg.*

1976 : Le diable au cœur, *Bernard Queysanne.*

1978 : L'amour c'est quoi au juste ? *Giogo Capitani.*
Mort sur le Nil, *John Guillermin.*
L'animal, *Claude Zidi.*
Au bout du bout du banc, *Peter Kassovitz.*

1979 : Melancholy baby, *Clarisse Gabus.*
Le Miel, *Pedro Maso.*
Egon Schiele, Enfer et passion, *Herbert Vesely.*

1980 : La fille prodigue, *Jacques Doillon.*
Rends-moi la clé, *Gérard Pirès.*

1981 : Meurtre au soleil, *Guy Hamilton.*
Nector Burma, détective de choc, *Jean-Luc Miesch.*

1982 : Scarface, *Serge Gainsbourg.*
Circulez, y'a rien à voir, *Patrice Leconte.*

1983 : L'Ami de Vincent, *Pierre Granier-Deferre.*
L'amour par terre, *Jacques Rivette.*
Le garde du corps, *François Leterrier.*

1984 : La pirate, Jacques Doillon.
Leave all fair, *John Redd.*
Dust, *Marion Hänsel.*

1985 : Le neveu de Beethoven, *Paul Morissey.*
La femme de ma vie, *Régis Warnier.*

1986 : Comédie ! *Jacques Doillon.*
Soigne ta droite, *Jean-Luc Godard.*

1987-1988 : Jane B, par Agnès V., *Agnès Varda.*
Kung Fu Master, *Agnès Varda.*

BIBLIOGRAPHIE

1979. Jane Birkin, par Jean-Philippe Thomann, PAC, Têtes d'affiches, 192 p.
Joli hommage d'un « fan » qui a alors dix-huit ans.

1985. Jane Birkin, par Gérard Lenné, Henri Veyrier, 240 p.
Un ouvrage solide, très documenté, à la fois admiratif et critique, commenté par Jane Birkin.

TABLE DES MATIÈRES

TEXTES

Source des illustrations :

BERNAND : page 93.
Archives Jane Birkin : page 104.
BIRMAPRESSE : G. Ferrandis ; pages 9, 12, 117.
Christophe L. : pages 57, 60, 61, 68, 69, 80.
G. Crawford : pages 8, 16, 17, 76, 77, 116.
GAMMA : page 53 ; C. Guellerin : page 4 ;
M. Laurent : pages 36, 37 ; J.-P. Moutin : pages 72-73 ;
M. Pecoux : page 25 ; M. Pelletier : page 24.
Claude Gassian : page 113.
INTERPRESS : A. Facelly : page 100 ;
N. Quidu : page 64 ; R. Rutman : page 49.
MEPHISTO : Hamon : pages 118, 184.
STILLS : pages 44, 45, 105 ; P. Jacob : page 21 ;
J.-L. Urli page 85.
SYGMA : page 52 ; E. George : pages 32, 96-97 ;
B. Gilbert : page 40 ; D. Issermann : pages 29, 108, 109 ;
P. Ledru : pages 88-89 ; L. de Raemy : page 33.

Réalisation technique : Françoise Radux.
Direction artistique : Yves Le Houerf.
Iconographie : Catherine Majer.
Maquette : Michèle Fraudreau.

Imprimé par l'IMPRIMERIE CLERC
à Saint-Amand-Montrond
et relié par BRUN à Malesherbes
N° d'éditeur : 6254 - N° d'imprimeur : 3854
Dépôt légal : Mai 1988